"人文新媒体前沿研究"系列丛书

新新闻生态系统
结构重塑与实践变化

张志安 著

中国传媒大学出版社

·北京·

目 录

导　言　新新闻生态系统：中国新闻业的新行动者与结构重塑 …………… 1

第一篇　专业媒体篇

专业媒体的格局变迁：党媒与市场化媒体的业态重塑 …………………… 15

新党媒情感传播模式：策略、动因和影响 ………………………………… 22

混合情感传播模式：主流媒体短视频内容生产研究 ……………………… 29

都市报融合转型的三种路径及其影响研究 ………………………………… 41

公共传播领域中大众化和专业性媒体的协同发展 ………………………… 49

互联网内容生态变化的历程、路径与反思 ………………………………… 56

第二篇　机构媒体篇

机构媒体、随机新闻行动与新闻业的角色流动 …………………… 67

政务机构媒体的兴起动因与社会功能 ………………………………… 79

第三篇　平台媒体篇

平台媒体的类型、演进逻辑和发展趋势 ………………………………… 89

基于算法正当性的话语建构与传播权力重构研究 …………………… 97

媒体融合再观察：媒体平台化和平台媒体化 ………………………… 109

第四篇　自媒体篇

自媒体的叙事特征、社会功能及公共价值 …………………………… 117

跋：新新闻生态系统特征与数字新闻研究范式 ……………………… 124

后　记 ………………………………………………………………………… 127

导　言　新新闻生态系统：中国新闻业的新行动者与结构重塑*

张志安　汤敏

近年来，受到互联网尤其是社交媒体的影响，中国新闻业经历了深刻的环境变化与生态变迁。移动互联网等新媒介技术的发展、传统媒体的数字化转型与传播语境的社会化变革，使社会化媒体能基于"个性化、去中心化与信息自主权"[①]等特点，为每个社会行动者提供传播权能，一定程度上消解了传统媒体对新闻生产与传播渠道的垄断权，新闻业的行动者及其生态结构发生重大改变，新新闻生态系统（new news ecosystem）由此形成。

传统新闻业中以专业化新闻生产为主功能的多数市场化报纸面临衰落趋势，新兴的参与社会化新闻生产的公共传播业则快速兴起且呈繁荣之势，针对其中的媒体行动者类型，笔者曾初步划分出专业媒体、机构媒体和自媒体这三种。[②]本文试图从分析中国新闻业的新行动者类型出发，探讨新新闻生态系统的结构重塑。笔者尝试在延续传统媒体语境下相关指称及其概念的基础上，结合新的媒介生态与传播业态，增补媒体行动者类型与重绘新闻生态结构，以专业媒体、机构媒体、自媒体和平台媒体这四种媒体类型，为当下与未来的中国新闻业研究提供结构性的考察框架。

一、传统媒体时代：专业媒体主导下的新闻生态

以报业为代表的传统新闻业，总体上承担党和政府喉舌的功能，经过改革开放以来的市场化与分众化发展，大致分化出了党报、行业报和都市报，对应的媒体类型即机关媒体、行业媒体和市场化媒体三种。这三种媒体类型及其新闻实践，基本构成了传统媒体时代的新闻业态。

---

* 本文首发于《新闻与写作》2018 年第 3 期：56–65 页。部分文字和小节标题有改动。作者汤敏为湖南师范大学新闻与传播学院讲师，中山大学传播与设计学院政治传播专业博士。
[①] 喻国明. 中国传媒业 30 年：发展逻辑与现实走势 [J]. 青年记者，2008（4）.
[②] 张志安. 新新闻生态系统：当下与未来 [J]. 新闻战线，2016（7）.

（一）机关媒体 vs 市场化媒体

市场化改革为中国新闻业格局的多元和媒体类型的分化引入了"受众本位"的变革动力，由此可以运用媒体同国家或市场距离远近的维度，来进行不同媒体类型的划分。这种区分维度主要考察媒体是偏向"传者本位"、服务于党和政府的宣传需求，还是偏向"受众本位"、服务于公众生活与决策。按照这种二元分析框架，新闻媒体大致分为行政取向的机关媒体和商业取向的市场化媒体这两种类型。

1. 机关媒体

机关媒体的内涵，与机关报密不可分。机关报是"党政机关或社会团体出版的报刊，代表机关或组织发言并宣传其政治主张和方针政策以影响舆论。政党的机关报称为党报"[①]。从这一定义可见，机关媒体的功能是作为党政机关的宣传工具来传达官方声音，实现信息正面传播与观点的自我表达。由于我国的党政机关存在党委和政府之分，机关媒体又可以分为党委机关媒体和政府机关媒体。

（1）党委机关媒体，即通常意义上的"党媒"，其权威性主要由其背后依托的党委部门所具有的权力层级所决定。从纵向上看，党委机关媒体主要包括中央级党媒、省级党媒、地市级党媒等。以报业为例，《人民日报》是中共中央委员会的机关报，与新华社及中央电视台并列为三大央媒，在党报体系中具有最高权威；省级党委机关报如《北京日报》《解放日报》《南方日报》《浙江日报》等，在本省（或直辖市）具有较高权威性和影响力；地市级党委机关报，如《佛山日报》《湖州日报》等，一般影响力局限于特定区域。

从横向上看，以中央层级为例，除了有中共中央委员会之外，还有中央纪律检查委员会、中央军事委员会，[②] 这些党的职能机关也创办有机关媒体，比如中央纪律检查委员会、国家监察委员会的机关报是《中国纪检监察报》；聚焦党和国家军队建设与国防战线的《解放军报》，是中央军事委员会的机关报。此外，像《光明日报》这样的直属中共中央、由中宣部代管的官方主流媒体，也可归入党委机关媒体行列。

（2）政府机关媒体，即代表各国家机关、政府部门、人民团体而发声的官方媒体，作为除党委部门之外的某个特定政府机构的传播渠道来发布信息，表达立场，参与国家和社会治理。政府机关媒体往往聚焦特定行业或某个领域。比如，最高人民法院主管的《人民法院报》、教育部主管的《中国教育报》、卫生部主管的《健康报》等。

在媒体融合政策的扶持下，机关媒体获得了更大的财政支持，在经营层面主要实行的是行政订阅和财政供养模式；在新闻报道层面主要采取"喉舌模式"，其主要任务是解析公共政策、塑造部门形象、强化政治认同，具有鲜明的"传者本位"色彩。

除党委机关媒体、政府机关媒体外，群团工作战线的共青团、工会、妇联等也都办有自己的机关媒体，比如中华全国总工会出版发行的机关报《工人日报》，中华全国妇女联合会的机关报《中国妇女报》，共青团中央委员会的机关报《中国青年报》等。宽泛而言，这些群团组织的机关媒体也可归入"政府机关媒体"大类中。

[①] 余家宏，等. 新闻学简明词典 [M]. 杭州：浙江人民出版社，1984：87.
[②] 景跃进，肖滨，等. 当代中国政府与政治 [M]. 北京：中国人民大学出版社，2016：56.

2. 市场化媒体

自20世纪90年代以来，以晚报、都市报为代表的市场化媒体确立了高度商业化的运营机制，由此促使中国的新闻业态逐步变得多元和复杂。吴国光归纳了市场化浪潮下改变党和政府一元传媒管理体制的几种方式，认为在市场化、社会化和分权化三种关键力量的推动下，中国报业呈现出经济结构的多元化。① 与党政机关媒体的喉舌定位相比，市场化媒体尽管在产权上也归为国有，但经营方式和运营理念偏向受众市场和广告市场，其作为体制内媒体的官方色彩不浓。

作为市场化媒体类型中的都市报，是一种"面向城市人群传播、具有明显市场运行特征、新闻性与服务性并重的综合性市民报纸"②，它明显区别于面向决策机关和精英阶层、直接服务于党政机关的机关媒体。孙玮从都市报与现代性、公共性、"生活政治"、消费文化的关系角度，对以都市报为代表的大众化报刊之深层社会与文化意义进行了解读，认为"都市报将新闻作为共享资源提供给大众的努力，蕴含了新闻话语权分享甚至转换的可能，公众成为可能获得这种权力的主体""立足于大众的立场，使得都市报能够在某些非常时刻从公共利益出发，建构出不同于传统报纸所呈现的社会真相"③。

大众化市场媒体的兴盛，让逐步回归"新闻本位"的中国新闻业释放出架构媒体公共性的良好潜能。20世纪80年代开始的传媒市场化，很长一段时间内对中国媒体的"自主性"起着"解放性"的积极作用，有利于媒体在市场化过程中更加注重为受众服务，并通过调查报道和深度时评等实践舆论监督，推动社会进步。④ 比如以《南方周末》《南方都市报》《新京报》等为代表的主流都市报，在众多关乎国家发展与公共利益的议题上，通过设置公共议题、优化报道框架，彰显了新闻业监测环境、舆论监督的功能。

基于国有体制的刚性约束，市场化媒体对社会治理的参与、对公共权力的监督是在授权范围内开展的。在潘忠党看来，市场化媒体的发展是一个以"上下合作"为途径、以经营方式为驱动、以"临场发挥"为基本行为特征的"边缘突破"过程，这个过程改造了新闻生产中的社会关系，重构了现有体制内在活动空间，媒体行动者创造性地运用改革话语中市场经济和党的新闻事业的语汇，将其改革行为融汇于"市场经济条件下的党的新闻事业"这一正当化的理论框架内。⑤ 这决定了，一旦政策环境和媒体环境发生重大变化，市场化媒体的发展将面临较大的不确定性。

3. 大众化机关媒体

上述从媒体同国家或市场距离远近的维度所进行的媒体二元分类，并不能完全涵盖传统媒体时代的媒体形态分化。王海燕、斯巴克斯（Sparks）等人对中国5份日报（《人民日报》《中国青年报》《南方都市报》《新民晚报》《成都商报》）在2012年到2013年间的国内新闻报道进行分析发现，机关媒体在新闻报道模式上呈现出喉舌模式（loyal-facilitator model）与煽情模式（infotainment model）的高度相关性。也就是说，上述机关报尤其是《中

---

① WU G G.One head, many mouths: diversifying press structures in reform China[M]// LEE C C.Power, money and media. Evanston, IL: Northwestern University Press, 2000: 45–67.
② 邱沛篁, 席文举, 等.都市报创新论[M].成都: 四川人民出版社, 2003: 7.
③ 孙玮.现代中国的大众书写: 都市报的生成、发展与转折[M].上海: 复旦大学出版社, 2006: 108-144.
④ 张志安, 吴涛.互联网与中国新闻业的重构——以结构、生产、公共性为维度的研究[J].现代传播, 2016(1).
⑤ 潘忠党.新闻改革与新闻体制的改造——我国新闻改革实践的传播社会学之探讨[J].新闻与传播研究, 1997(3).

《国青年报》在表现出鲜明的宣传报道特征的同时，又高度表现出大众化、煽情化色彩，比《人民日报》更强调新闻的监督职能，且比其他机关报、市场化报纸表现出更多个性化、煽情主义和个人生活细节与情感展示的报道技巧，从而其被归为一种可被描述为"大众化机关媒体"（popular official media）的类型。[①]

王海燕、斯巴克斯等认为，这种既不同于典型机关报又不同于市场化报纸的新闻报道模式，对学者们研究中国媒体时通常使用的"机关报 vs 市场报"之二元框架的合理性提出了挑战，"中国新闻媒体类型的二元划分模式需要被修正"[②]。不过，按照前面界定的机关媒体和市场化媒体的内涵，笔者还是倾向于将《中国青年报》这类大众化机关报归为机关媒体。比如《广州日报》，尽管是广州市委机关报，运营机制却高度市场化，成功实现了市民化、大众化的市场化生存，并刷新过中国报业的多项纪录，[③]这也表明机关媒体与市场化媒体并非截然不同。

（二）行业性媒体 vs 综合性媒体

随着媒体数量的增多、社会分工的细化，聚焦特定行业、服务特定人群的行业性媒体更加强调服务的对象性和内容的专业性，它们主要采取专门化取向进行特定领域的新闻生产，或服务于某个事业战线的宣传需要。如果从内容定位和受众覆盖的属性维度来看，媒体又可以分为行业性媒体与综合性媒体这两类，前者服务于特定的人群，后者面向大众。

1. 行业性媒体

行业性媒体往往聚焦特定行业、产业或消费领域，事业化或市场化地服务于特定人群的需求，新闻的内容生产整体上呈现出专门化的特点。行业性媒体既可以是机关媒体，也可以是市场化媒体。比如"行业报既可以走市场，也可以是机关报，一个行业可以有多个行业报，其中代表某行业的国家机关或社会团体'发言，宣传其主张的报纸'则为机关报"[④]。

与党报、都市报等综合性报纸不同，大多数行业报扮演着中央各部委或大型国有企业机关报的角色。比如，《中国医药报》既是国家食品药品监督管理总局主管的专业性报纸，又是全国药监系统中最具权威的机关报。进一步细分来看，机关型行业媒体是"各行各业的喉舌，本行业的最新动态、政策走向、高层声音一般都是通过行业媒体首发，对行业内各项工作具有很强的指导作用和示范作用，具有较高的权威性和公信力"[⑤]；市场化行业媒体则通过平民化的话语风格或专业化的知识调性，来满足特定领域消费人群的信息与文化需求。比如《中国体育报》《快乐老人报》《21世纪经济报道》《南都娱乐周刊》等，就是服务于特定人群的市场化行业报。

[①] WANG H, SPARKS C, Y H. Popular journalism in China: a study of China Youth Daily[J]. Journalism: Theory, Practice&Criticism, 2017（19）.

[②] WANG H, SPARKS C, Y H. Popular journalism in China: a study of China Youth Daily[J]. Journalism: Theory, Practice&Criticism, 2017（19）.

[③] 田秋生. 市场化生存的党报新闻生产[D]. 上海：复旦大学，2008.

[④] 宋歌. 对"行业报"定义的辨析[J]. 新闻春秋，2015（1）.

[⑤] 丁海东，谭小凤. 传统行业媒体如何利用新媒体技术转型[J]. 新闻传播，2012（9）.

2. 综合性媒体

综合性媒体的新闻报道涵盖时政、经济、法治、教育、文化、社会等各个领域，各级党报党刊党台、主流化的都市报一般都是综合性媒体。比如，《南方日报》《广州日报》等省市级党委机关报，和《南方周末》《南方都市报》《新京报》等市场化报纸，都是典型的综合性媒体，其差异主要体现在内容风格和受众范围上。

当然，媒体的行业性或综合性作为内容属性、受众属性维度的两种偏向，其界限也并非泾渭分明，介于两者之间，也可能存在既聚焦特定人群又采用综合内容定位的媒体，比如《中国青年报》的发行对象主要为全国高中和大中专院校学生等青年知识分子，而非面向所有人群，但其新闻报道涵盖时政、经济、科技、教育、文化等各个领域，因此就属于具有行业特点的综合性报纸。

由于新传播技术的变革与发展，原先坚持职业化形态的传统新闻业开始遭遇数字化媒体的冲击，面临着"职业语境"与"变革语境"下的文化冲突：前者包括注重专业化生产，强调传统媒体的权威，突出真实、真相等专业精神，秉承精英主义的价值观；后者包括强调替代性生产模式，注重社会化生产，强调新媒体的影响和价值，突出产品、体验等用户需求，秉承草根、开放、去中心化的价值观。[①] 在这种变革情境下，原先与专业化生产相对应的媒体类型，逐步扩展为介于专业化生产和社会化生产形态之间的媒体类型，比如强调职业化新闻实践的专业媒体，传统新闻媒体类型之外各类机构所创办的机构媒体，以及以个体或低组织化形式存在的自媒体。

传统意义上定义的"专业媒体"，指的是将新闻业视为一种具有专业化的社会分工，追求真实、客观、真相与服务公共利益的媒体类型，也即传统"职业语境"中的媒体。专业媒体的特质在于追求信息生产的专业品质与新闻传播的公共价值，其基本特征是拥有官方认定的新闻采编资质，由此获得了从事原创新闻采编的合法授权和一定的体制庇护，并因具有较高水平的专业表现而形成了一定的职业权威。因此，各级党报党刊党台党网、以主流都市报为代表的市场化媒体基本上都可以被界定为专业媒体。

二、社会化传播时代：多元行动者与新闻业结构重塑

数字化、社会化传播技术的发展，降低了传统媒体时代媒介渠道集中把控形成的高门槛，消解了国有传媒体制造成的传播壁垒，从而让不同属性、层级或形态的社会行动者都具备了借助社交媒体平台运营机构或个人媒体的可能。一方面，传统报纸、杂志、电台和电视台，都依托传统介质形态的母媒向数字化的方向融合、延伸；另一方面，伴随着微博、微信、客户端等社交媒体平台或资讯聚合平台的崛起，传统媒体和政府、企业、社会组织等机构纷纷进驻数字化新闻场域，由此，一个以移动传播为形态、以社会化生产为实践、以多元化主体为业态的新新闻生态系统形成，媒体行动者类型进一步分化，中国的新闻业生态结构被整体重塑。

---

① 张志安. 新新闻生态系统：当下与未来[J]. 新闻战线，2016（7）.

（一）媒体行动者类型分析的四个维度

以移动互联网为核心的传播技术革命是新新闻生态系统形成的底层动力。社会化媒体以新型网络化关系为枢纽，以在线链接、随时互动、即刻分享为基础，是一种允许个人或组织进行内容的创作和交换，依附并能够建立、扩大和巩固关系网络的网络社会组织形态，其技术核心是互动，内容主体为 UGC，关键结构是关系网络，表现为一种组织方式。① 彭兰将社会化媒体对媒介融合的影响归纳为四个方面：用户成为融合的内源性动力，媒体"入口"的社交化和私人化，传播效果评价体系转变，以及用户分析的"大数据化"。②

从媒体传播网络的组织方式来看，社会化媒体对传统新闻业生态的冲击是颠覆性的。传统媒体主要依托相对垄断的渠道和背后的组织资源，面向相对模糊的大众或分众人群形成以传者为中心的传播网络，且传播网络的组织者大多局限于体制内的行动者或有相应专业能力的职业化机构；而社会化媒体则以受众或用户为中心，依托社会关系链条来进行传播网络的组织，体制内外的任何人、任何组织都能建构自己的传播网络，打造自己的媒体。由此，社会化媒体极大地释放了全社会信息生产、分享、传播和互动的潜能，也以前所未有的个性化推送和内容匹配效率成为新的信息推送枢纽和信息主流入口。

基于社会化媒体对传播网络组织方式的变革性影响以及新闻业生态系统发生的结构性变化，以往根据行政或市场取向、组织属性进行媒体类型划分的分析维度，需要进一步拓展和完善。为此，有必要针对媒体行动者的类型进行再区分，以便更全面而精准地描述新新闻生态系统的结构特征和行动者类型。具体来说，我们可以从以下四个维度来重新审视新新闻生态系统中的媒体类型的划分。

1. 媒体产权维度

传统媒体占主导地位的新闻业态中，无论是侧重政治传播的机关媒体，还是偏向满足受众需求的市场化媒体，都属国有产权，本质上都是国有媒体。而在社会化媒体兴起的新新闻生态中，微博、微信、今日头条等商业性互联网媒体平台已逐渐成为主流的新闻舆论场，传统的组织化、职业化语境下的新闻生产已向去中心化、社会化的方向转变，数以千万计的自媒体大量涌现，并在个体维权、社会批评和公共监督类热点事件中发挥着情感动员和推动舆论生成的重要作用。可见，除传统的体制内媒体外，体制外各种私有产权的自媒体或媒体平台，已成为新新闻生态系统的重要组成部分。由此，分析新新闻生态系统中的媒体类型需要增加多元产权制度这一维度。

2. 传者价值维度

传统媒体时代依托传者价值取向维度划分的机关媒体和市场化媒体，在新新闻生态系统中不再具有足够充分的描述力：以往更多从传者宣传需求出发的机关媒体，在数字化转型过程中，为尽可能多地"圈粉"而越来越多地采取新闻大众化的手法，或通过"传播模式的调适"③来处理受众需求满足与宣传使命达成的双重任务，而《中国青年报》《广州日报》等展现的"大众化机关媒体"倾向具有进一步显化的趋势；而以往在新闻报道模式上主要

---

① 田丽，胡璇. 社会化媒体概念的起源与发展 [J]. 新闻与写作，2013（9）.
② 彭兰. 社会化媒体：媒介融合的深层影响力量 [J]. 江淮论坛，2015（1）.
③ 李艳红，龙强. 新媒体语境下党媒的传播调适与"文化领导权"重建：对《人民日报》微博的研究（2012—2014）[J]. 传播与社会学刊，2017（39）.

采取信息模式、故事模式的市场化媒体，也因生存环境和政策环境的变化而逐渐强化宣传模式，从而不断减少与机关媒体之间的差异。

从发展趋势看，传者价值取向上是否偏向受众和追求大众化传播效果，在社会化传播时代已经不再是划分媒体类型的有效维度，因为社会化媒体相对透明的传播机制和效果评估方式决定着所有媒体需要通过满足用户需求来尽可能广泛地建构影响力，"服务好用户是官方和从业者都认可的理念"①。

3. 受众属性维度

随着大众传播发展为分众传播，并因社交媒体的垂直化运营而进入窄众传播时代，将媒体所覆盖受众的范围和属性，作为划分媒体类型的有效维度似乎变得更具描述力。比如，一些综合性媒体既以传统媒体的名称注册社交媒体账号以在互联网平台上延伸其媒体品牌，又以新的名称注册时政、财经、文化、旅游、科技等不同类型的新媒体账号进行垂直化的窄众传播。它们以多个账号多个平台的新媒体矩阵策略建构出自己作为一个综合性媒体的传播体系。换句话说，党报、都市报等综合性媒体，也在网络上建构和运营自己的行业性媒体。此外，大量以往作为政府机关媒体的行业性媒体，也在社会化媒体平台上进行了内容拓展和品牌延伸，形成了"新机关媒体"或"政务新媒体"这一体量庞大的媒体行动者类别。

4. 组织形态维度

传统媒体占主导地位的时代，所有媒体的组织形态都是机构化的；而在新新闻生态系统下，从媒体组织形态的维度进行"机构媒体"与"个人媒体"的区分，其边界已经越来越模糊。除了完全依托个人来运营的自媒体之外，一些媒体具有鲜明的"个人媒体"品牌属性，又具有"机构媒体"的运营机制。所以，一方面，最初以个人名义起步的自媒体，随着商业上的成功而逐步扩展成1+X模式的小型甚至中型机构（"1"代表自媒体IP式的核心人物，比如"罗辑思维"的罗振宇；"X"代表支撑其内容和品牌运营的小型团队）；另一方面，以大型机构形态运营的传统媒体，在推进媒体融合转型的进程中也"孵化"出了很多小型的内容工作室。由此，组织形态维度的"机构媒体"不再是一个内涵清晰的有关媒体类型描述的概念。

（二）新新闻生态系统中的媒体行动者

传统媒体时代的媒体类型，是在国有传媒体制下的有限分化，新闻业的行动者总体上是职业化的、体制内的、机构化的，传统主流媒体垄断了新闻生产的采编权和内容分发的主渠道。而在数字化的社交媒体时代，体制外民营的、非传统职业形态的媒体行动者大量出现。总体上，新新闻生态系统中的媒体行动者可分为以下四种类型（见图1）。

---

① 王斌、王雅贤."政经博弈说"及其发展：中国新闻改革中国家——市场关系的理论考察[J].国际新闻界，2016（9）.

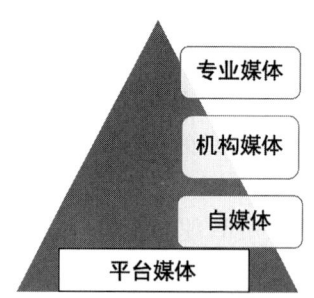

图 1 新新闻生态系统中的媒体行动者结构图

1. 以国有产权为主的专业媒体

专业媒体即职业化的新闻媒体，主要由传统党媒、市场化媒体及其新媒体延伸产品构成，具有官方认可的新闻采编资质，作为"党和人民的喉舌"，以"新闻舆论工作者"的角色和相对高品质的新闻生产追求社会效益和经济效益的统一。专业媒体的核心功能是生产专业化的原创新闻，这是其区别于其他媒体行动者的关键属性。

其中，党报为适应新型介质形态与传播话语建构而拓展微博、微信和客户端，意在强调其在社会化传播语境下逐渐形成的新内容特征与新传播模式。绝大多数党报都是党委机关媒体，但用"机关报"已无法准确描述高度融合化的报业组织，也可以用"机关媒"来描述此类媒体。随着党媒融合转型进程的推进，其在微博、微信、客户端等平台上的粉丝迅速增长，影响力显著提升，呈现出在网络舆论场中"重新夺回麦克风"[①]的趋势，比较典型的代表如《人民日报》、"新华社"等。

以主流都市报为代表的市场化媒体，也在数字化社交媒体时代形成了多产品、多平台的传播矩阵，其中既有《东方早报》团队转型打造彻底无纸化运营的"澎湃新闻"，也有《华西都市报》保留母报又拓展"封面新闻"客户端，这些主流都市报的形态、介质和话语都发生了巨大改变，不妨用"都市媒"或"新都市媒"来取代传统语境中的"都市报"指称。

2. 不同属性的机构媒体

机构媒体中主要类型是党委、政府部门，或群团组织、企事业单位等创办的新媒体，包括近年来已具有较大规模的政务微博、政务微信、党政客户端等，和高校、科研机构、企业创办的社交媒体账号。其中，政务类机构媒体主要面向分众人群，服务于特定机构或特定行业，具有信息传播、形象塑造、风险沟通、移动政务等多重功能，其区别于专业媒体的是不具备原创新闻的采编权，主要发布本机构或本行业的资讯。不过，由于政务机构媒体往往聚焦于特定行业或领域，比如宣传、公安、法院、检察院、团委、旅游、气象、环保、教育、医疗卫生、交通等政府部门，因而具有面向特定人群和区域、突出行业信息传播的优势。

如上文所说，新新闻生态系统中的机构媒体的最重要组成部分就是政务微博、政务微信、政务微头条。社交媒体的兴起，让以往因资质或资源不够而无法创办机关媒体的各层级党政机关或部门，都能在微博、微信、今日头条等网络平台创办自己的媒体账号，这些政务机构媒体的功能已从传统介质形态的信息发布和工作指导拓展至新闻宣传、公共沟通、

---

① 方可成.社交媒体时代党媒"重夺麦克风"现象探析[J].新闻大学，2016（3）.

政务服务、社会治理等，而且涌现出一大批具有舆论动员力和传播影响力的媒体行动者，我们可以用"新机关媒体"①或"政务新媒体"来描述此类机构媒体。

目前，"新机关媒体"规模已达数十万，②在重大公共事件发生后，不少明星级的政务新媒体及时设置议题、发布整合加工后的信息或评论文章，形成了很高的关注度和极大的影响力。典型的如"最高人民法院"的微博、微信等新媒体矩阵，"共青团中央"的微博、微信和知乎等新媒体矩阵，"上海发布"的微博、微信、头条号等。

3. 代表草根文化的自媒体

自媒体的概念起源于西方新闻业的转型期，它"呈现了关于新闻业如何转型以更好地服务于公共生活这条轨迹……核心内涵是'参与式新闻'，包括'公共新闻'，突出的是以博客为例的数字和网络技术支撑所带来的转型过程，即大众更广泛地参与到自己的新闻和信息的生产和发布当中来"③。2003年7月，美国新闻学会媒体中心发布全球首份自媒体报告《自媒体：受众如何形塑新闻和信息业的未来》（*We Media: How Audience are Shaping the Future of News and Information*），该报告在序言中，就We Media这一概念的意涵进行了阐述：提出这一概念，意在关注"被全球范围内实现知识连接的数字科技赋权的普通大众，正如何参与和贡献于他们自身的真相、他们自己的新闻"④。

从"自媒体"的概念缘起看，其核心内涵强调的是草根发声，指的是公众如何广泛参与到新闻生产中来。引介者在将We Media向中文引介的过程中，"互媒体"或"共享媒体"是引介者一开始倾向采用的、与其原初意义相接近的译名，然而在中文语境中使用这一概念过程中，它与原初形态"去勾连"，即与新闻及其内在公共性脱钩以及与市场和商业主义勾连，⑤从而成为一种商业叙事的话语、一种有关"内容产业"的概念。比如，由自媒体版权经济管理机构克劳锐发布的《2016中国自媒体行业白皮书》，就将"自媒体"定义为"个人或团体通过不同形式创作出能被广泛传播的内容，实现自身价值输出、知识传递和个人形象与品牌的建设，并最终实现商业化的媒体"⑥。

学者们对"自媒体"概念的界定，不管是强调公民的社会参与，还是强调团队或机构商业化的内容实践，都意在强调由建制化媒体机构之外的个体或团体来从事内容的生产与发布，"自媒体并非严格意义上的媒体，但是拥有类似议程设置、信息生产与传播

---

① 如中山大学2017年硕士学位论文《社交媒体语境下新机关媒体对民族主义的话语重构——以共青团中央微博为例（2013—2017）》，把共青团中央的官方微博账号称为"新机关媒体"，这一提法意在强调机构媒体在新的介质形态与社会化传播语境中所可能具备的新特征和新属性。

② CNNIC发布的第41次《中国互联网络发展状况统计报告》显示，截至2017年12月，我国在线政务服务用户规模达4.85亿，占网民整体数量的62.6%；微信城市服务累计用户数达4.17亿，涉及公安、人社、交通、税务、司法、教育、民政等多个政务服务领域；经过新浪平台认证的政府机构微博达134 827个，主要包括政府、社会团体、党委、检察院、法院、人大、政协等机构；各级党政机关开通的政务头条号达70 894个，主要包括公安、信访、检查、司法、基层组织、法院、共青团等100多个垂直系统，且已有350个中央国家机关政务头条号在运营。

③ 於红梅. 从"We Media"到"自媒体"——对一个概念的知识考古[J]. 新闻记者，2017（12）.

④ BOWMAN S, WILLIS C. We Media: how audience are shaping the future of news and information[R]. The media center at the American Press Institute.2003.

⑤ 於红梅. 从"We Media"到"自媒体"——对一个概念的知识考古[J]. 新闻记者，2017（12）.

⑥ 克劳锐.2016中国自媒体行业白皮书[EB/OL].（2017-02-22）[2017-08-11].http://www.topklout.com/assets/uploads/wemedia.pdf.

等典型的媒体功能"①。在中国的新新闻生态系统中，我们建议把自媒体界定为体制外由个体或团体兼职或全职运营的、代表其自身立场与诉求的数字化媒体，它们往往依托社交媒体平台而建设，因不能进行原创性的新闻采编而往往发布以见闻、资讯和评论为主的内容。

自媒体的创办主体既可以是公民个体也可以是民间团体，在产权上是私有的。一些内容创业公司所创办的社交媒体账号，因内容生产具有议程设置与舆论动员功能，也可视为自媒体。由于自媒体从个体或小团体自我的诉求出发发布信息，自媒体往往采取窄众化的垂直传播，连接起同质化的受众群体，具备一定的知识专业性或亚文化调性，自媒体由此形成了与专业媒体、机构媒体有所不同的媒介文化，在智识生产、社群建构等方面具有独特功能和显著影响。

4. 作为信息枢纽的平台媒体

社会化媒体的勃兴使其成为重塑中国新闻业生态结构最为显著的力量，直接的体现就是绝大多数传统主流媒体在网络上的影响力面临衰落的挑战，而微博、微信等社交平台和今日头条、抖音、快手等智能分发型终端则强势崛起。这些有着"社交基因"或"技术基因"的数字化媒体平台，因建构起了强大的社会化传播网络而成为新新闻生态系统的基础设施和信息枢纽。这些用户量达数亿的巨型互联网产品，本身作为中介而连接起了各种节点，进而编织出了巨型的传播网络，与依托其上建立的数量庞大的自媒体、专业媒体、机构媒体构成实时在线、滚动更新、即刻分发的新闻生产与信息流通体系。我们可以把这类数字化媒体平台称为平台媒体。

2014年，乔纳森·格里克在《平台媒体的崛起》一文中首次使用了"Platisher"一词（platform+publisher），用以指称平台媒体，即"不单靠自己的力量做内容和传播，而是打造一个良性的开放式平台，平台上有各种规则、服务和平衡的力量，并且向所有的内容提供者、服务提供者开放，无论是大机构还是个人，其各自独到的价值都能够在上面得到尽情发挥"②。一款媒体产品能否成为平台媒体，关键要看它能否为人与人、人与信息之间的连接关系提供强大的技术支撑，并为PGC（专业生产内容）、UGC（用户生产内容）创造良好的内容生态。向每个用户或所有主体赋予参与内容生产与社交关系维护的权能，是平台媒体的功能本质。

平台媒体又可细分为社交型平台媒体与聚合型平台媒体两类。前者以社交关系网络的建构为核心，如微博、微信等；后者以资讯的广泛聚合与基于算法的个性化分发为核心，如今日头条、一点资讯等。当前，这两种类型的平台媒体分别展现出社交型聚合化与聚合型社交化的发展趋势，已建立了短时间内传统主流媒体难以追赶的技术门槛、受众规模和传播效能。

综上所述，新新闻生态系统中的媒体行动者从传统媒体时代的专业媒体分化或演进为专业媒体、机构媒体、自媒体这三种媒体类型，以及为这三种类型媒体提供信息聚合、分发的技术与渠道。其中，原创新闻的生产仍然以专业媒体为主，而机构媒体、自媒体在垂

---

① 引自"腾讯研究院"微信公众号2016年7月1日发布的《中国自媒体商业化报告：芒种过后是秋收》一文。
② GLICK J.Rise of the platishers[EB/OL].（2014-02-07）[2016-05-04]. http：//www.recode.net/2014/2/7/11623214/rise-of-the-platishers.

直领域的资讯传播和评论生产方面具有规模优势，平台媒体则具有内容聚合、分发技术和用户黏性方面的整体优势。

三、结语：新新闻生态系统研究

当下，专业媒体、机构媒体、自媒体、平台媒体，共同构成了中国的新新闻生态系统。专业媒体主导职业化生产和体制内行动者垄断传播资源的传统新闻业态，正朝多种类型媒体共同参与、多元新闻实践形态并存的新生态格局转变。面向新新闻生态系统的新闻社会学研究，需要在公共传播研究的新视域、新思维中培养再出发的问题意识。

从研究对象看，除要关注中央和地方专业媒体的数字化转型、新闻生产常规的变化、技术对媒体的文化影响之外，还要运用实证方法研究正在兴起的机构媒体、自媒体，细致考察这些媒体行动者的实践逻辑、生产机制、组织文化及社会功能；从理论视角看，框架、话语和信息传播模式等经典研究视角需要在新的语境中展开，比如传统新闻伦理共识的形成有赖于职业化新闻机构及其背后相对精英化的行业系统的共同努力，而机构媒体、自媒体在缺乏行业组织规范的语境中将重新定义新闻生产的伦理边界；从研究路径看，除文化研究、新闻生产社会学等微观和中观取向之外，更需要传播政治经济学的宏观取向，如将平台媒体的兴起及智能技术的运用置于国家—社会关系、传播变革与意识形态关系中进行观照和思考。

此外，从传播管理和政策研究角度看，在新的媒介格局与技术环境中，"党管媒体"意味着党要管理包括专业媒体、机构媒体、自媒体和平台媒体在内的所有媒体，由此面对一系列挑战，需要切实回应，如市场化专业媒体及其衍生的"新都市媒"如何继续保持高品质的新闻生产和增强公共传播的责任担当；在社会化传播语境中，党媒及其衍生的"新党媒"、机构媒体及其衍生的"新机关媒"如何重建传播话语权，完成好满足受众需求与强化舆论引导能力的双重任务，并真正提升影响力和公信力；针对自媒体和平台媒体的泛社会化新闻生产，如何运用法律或行政的手段，既保障公共表达的权利，促进内容市场的繁荣和推动相关产业的成长，又不断提升信息供给的质量，规范传播行业的秩序，探索有效的治理机制……总之，在新新闻生态系统中，实现信息相对自由流动、实现传播为多元主体赋权，以及延续媒体的公共价值是相关研究的不变追求。

第一篇

专业媒体篇

专业媒体的格局变迁：党媒与市场化媒体的业态重塑*

张志安　汤敏

在社会化传播成为主流传播形态的当下，中国的新新闻生态系统已然形成，专业媒体、机构媒体、自媒体与平台媒体，共同组成了新新闻生态系统的媒体行动者，专业媒体主导职业化生产和体制内行动者垄断传播资源的传统新闻业态，正朝多元行动者共同参与、多样新闻实践并存的新生态格局转变。[①] 本文通过考察党媒与市场化媒体所历经的变迁，来把握专业媒体被重塑了的内外生态与实践样态，进而思考社会化传播语境下专业媒体生存发展面临的诸多挑战。

一、专业媒体的行动者界定与外部生态

从媒体同权力或市场距离远近的维度来进行新闻实践形态或媒体类型划分，这种区分维度主要考察媒体是偏向"传者本位"出发，服务于党和政府的宣传需求，还是偏向"受众本位"，服务于公众的社会信息需求。依此二分法，传统媒体时代媒体大致可分为以党报为代表的机关型媒体和以主流都市报为代表的市场化媒体。

（一）党媒与市场化媒体：专业媒体的主要行动者

专业媒体指的是职业化新闻媒体，将新闻报道视为专业化的社会分工，追求真实客观等专业标准，核心功能是生产专业化的原创新闻。在新新闻生态系统中，专业媒体主要由党媒、市场化媒体及其新媒体延伸产品所构成，具有官方认可的新闻采编资质，作为"党和人民的喉舌"，以"新闻舆论工作者"的角色和相对高品质的新闻生产追求社会效益和经济效益的统一。专业媒体的特质在于追求信息生产的专业品质与新闻传播的公共价值。一方面，党媒和市场化媒体均拥有职业化的新闻采编队伍，建立了从事原创性新闻生产所需要的专业门槛与体制机制；另一方面，各级党媒因代表该层级公共权力而具备一定的行

---

* 本文首发于《新闻与写作》2018 年第 5 期：62-67 页。略改动。作者汤敏为湖南师范大学新闻与传播学院讲师，中山大学传播与设计学院政治传播专业博士。

① 张志安，汤敏. 新新闻生态系统：中国新闻业的新行动者与结构重塑[J]. 新闻与写作，2018（3）．

政权威性，而市场化媒体则因为代表社会公共利益而树立了市场口碑，两者都以综合性媒体的形态彰显出专业媒体的公共属性与公共价值。

当前，从中央到地方，几乎各级党媒与主流市场化媒体都进行了从传统介质形态向移动化、社交化与智能化方向的融合转型，从而形成了党媒与市场化媒体各自的新媒体延伸——"新党媒"与"新都市媒"，前者的典型代表如《人民日报》的微博、微信，后者的典型代表如"澎湃新闻"、"封面新闻"、《新京报》的新媒体矩阵等。

（二）市场化媒体与党媒的关系分析

市场化媒体于20世纪80年代末、90年代中后期兴起，先后经历"周末报热""晚报热""都市报热"以及传媒集团化发展热潮后，由原来依靠行政地位获得发行优势、主要承担新闻宣传使命的"事业单位"模式，转变为基于受众需求的满足而达成宣传效果与实现经济效益的"企业经营"模式。市场化媒体大多作为党媒的子报子刊而被创办出来，其与党媒的界限并非泾渭分明，[①] 会伴随政治与媒介生态格局的变迁而调整自己的价值偏向。

潘忠党认为，市场化媒体的发展是一个以"上下合作"为途径、以经营方式为驱动、以"临场发挥"为基本行为特征的改造新闻生产中的社会关系和重构现存体制内在活动空间的"边缘突破"过程，行动者创造性地运用改革话语中市场经济和党的新闻事业的语汇，将改革行为融汇于"市场经济条件下的党的新闻事业"这一正当化的理论框架内。[②] 这决定了一旦技术与商业环境发生变迁，市场化媒体将受到"党的新闻事业"这一刚性原则影响而面临不确定的发展前景。

（三）渠道失灵与话语失效：专业媒体业态重塑的外部生态

移动化、社交化与智能化传播技术的发展，使不同属性、层级或形态的社会行动者都具有了运营社交媒体的可能，传统的专业媒体的职业权威面临挑战。

这种挑战主要来自平台媒体与自媒体。微博、微信等社交型媒体与今日头条等聚合型媒体，改变了专业媒体传统的组建传播网络与内容分发的方式，而网络自媒体一定程度上消解了专业媒体在议程设置、真相挖掘与舆论引导方面的垄断优势，"网络成为社会意见汇聚、协商、发酵的场所，传统媒体'为民请命'的角色在很大程度上被互联网所取代"。[③] 此外，平台媒体与自媒体还以其智能化推送机制、社会化传播形态让专业媒体"传者本位"的话语风格面临影响力和传播力衰落的风险。这些都促使各级党媒和市场化媒体纷纷通过实现与新兴媒体的融合发展来重构自己的渠道体系与话语形态。

二、专业媒体的格局变迁与业态重塑

传统报业和广播电视业的市场份额迅速下滑，资本大鳄悄然开始投资新媒体领域，这让

[①] 比如《广州日报》，就以党报的身份成功实现了市民化、大众化的市场化生存，并刷新过中国报业的多项纪录，可见党媒与市场化媒体并非有明显区别。详见田秋生.市场化生存的党报新闻生产[D].上海：复旦大学，2008.

[②] 潘忠党.新闻改革与新闻体制的改造——我国新闻改革实践的传播社会学之探讨[J].新闻与传播研究，1997(3).

[③] 陈力丹，林羽丰.再论舆论的三种存在形态[J].社会科学战线，2015(11).

国家有了失去"主流传播渠道"的担忧，如何找到切实有效的手段来应对信息传播形态和社会舆论形态的变化，成为国家重要的执政议程。① 2014 年 8 月 18 日，《关于推动传统媒体和新兴媒体融合发展的指导意见》出台，"推动传统媒体和新兴媒体融合发展"被提升为国家政策，传统专业媒体融合转型的节奏加快，"打造一批形态多样、手段先进、具有竞争力的新型主流媒体"成为传统专业媒体转型发展的目标。近年来，传统专业媒体在技术手段、话语方式、角色定位等层面重塑自我，党媒与市场化媒体的关系格局也由此发生变迁。

（一）重掌"麦克风"：国有资本驱动下党媒的重新崛起

作为国家意识形态和主流价值观传播的载体，党媒的职责在于引领主流舆论、传播先进文化、提升国家治理能力与执政合法性。党媒在扩大发行、争取补贴或专项经费、实现混合经营的同时，加速微博、微信、客户端、"中央厨房"等"新党媒"渠道体系与运营机制的建构。

从 2014 年开始，越来越多的中央和省级党媒在融合转型过程中得到政策红利，直接从政府获得财政支持。比如，上海每年在宣传文化专项资金中拨出 1 亿元专项扶持资金用于上海报业集团发展新媒体；嘉兴日报报业传媒集团探索联办模式，地方县（市）委将分社版面作为自己的党委机关报，并以办报补贴的形式给予嘉兴日报报业传媒集团资金支持，2014 年嘉兴日报报业传媒集团办报补贴额达 2 500 万元。②

在国有资本与政策扶持的驱动下，不少党媒逐渐成为"两微"平台上具有影响力的媒体。2015 年上半年微信公众号上传播度最高的 20 篇文章，几乎全部来自《人民日报》和央视新闻，社交媒体时代党媒"重夺麦克风"的现象，改变了此前市场化媒体影响上升、党媒逐渐式微的态势，也改变了中国社交媒体上的舆论生态。③

通过"新党媒"的建设，党媒实现了移动传播语境下的全媒体覆盖。例如，《人民日报》逐步由一份报纸转变为全媒体形态的"人民媒体方阵"，旗下拥有报纸、杂志、网站、电视、广播、电子屏、手机报、微博、微信、客户端等 10 多种载体，有 29 种社属报刊、31 家网站、111 个微博机构账号、110 个微信公众账号及 20 个手机客户端。2017 年 10 月，《人民日报》客户端下载量达 2 亿，初步实现了"有新闻的地方就有《人民日报》"的发展目标。④

（二）角色再定位：市场化媒体融合转型的路径与趋向

媒介技术与市场环境的变化，让市场化媒体遭遇严重的生存危机。自媒体与平台媒体的兴起，部分替代了市场化媒体"为民代言"、满足消费等功能。与部分党报发行量和广告收入保持稳定甚至略有增幅相比，都市报的广告收入和经营利润在 2014 年下滑明显，少则跌幅 15% ~ 20%，多则跌 30%。⑤ 商业模式的失灵叠加舆论环境的变化，导致市场化媒体既不再具有"走市场"与"亲社会"的能力与行动空间，也难以像党媒那样

---

① 王维佳.传播治理的市场化困境——从媒体融合政策谈起[J].新闻记者，2015（1）.
② 张志安，刘杰.媒介融合的年度观察及展望[J].新闻战线，2015（3）.
③ 方可成.社交媒体时代党媒"重夺麦克风"现象探析[J].新闻大学，2016（3）.
④ 崔保国.2017 年新型主流媒体发展概况及展望[J].新闻战线，2018（1）.
⑤ 张志安，刘杰.媒介融合的年度观察及展望[J].新闻战线，2015（3）.

拥有足够的行政资源与权力资本。在数字化融合发展的过程中，市场化媒体进行着多元路径模式下的转型探索。

（1）全平台转移模式下的媒体再造。其典型案例是《东方早报》和"澎湃新闻"。"澎湃新闻"脱胎于上海报业集团旗下的《东方早报》，"专注于时政与思想"。从2014年7月22日起，"澎湃新闻"的网站、客户端、微信公众号、微博等多渠道产品上线后，上海报业集团开始实行《东方早报》和"澎湃新闻""双品牌"运作。2016年12月底，《东方早报》休刊，"澎湃新闻"成为全国第一个由传统媒体建制整体转型而成的新型媒体。

在内容生产方面，作为专注时政与思想的媒体开放平台，"澎湃新闻"强调专业媒体组织化生产特长的同时也采纳互联网化的生产方式。新闻追问和新闻跟踪等应用功能的创新，使用户可针对每一条新闻提出自己的疑问并获得其他用户的解答，优质的回答将在热门追问页面展示。① 在产品运营方面，"澎湃新闻"通过优化网站搜索、广开合作渠道、增加用户黏性等方式实现用户规模的逐步攀升，② 同时，其借助"澎湃视频"，开通"澎湃问政"政务互动平台，邀请全国政务机构入驻，开通"政务号"，"澎湃新闻"与今日头条合作引入算法推荐的分发技术，不断提升影响力和拓展收入渠道。可以说，《东方早报》向"澎湃新闻"的全平台迁移重生，是一种将专业媒体的价值传承与互联网的技术创新加以结合的、整体再造式转型的典型样本，代表了市场化媒体融合转型的方向。

（2）内容优势主导下的全媒体转型发展。以《新京报》为例，其于2012年起开始探索全媒体发展路径，通过提高新闻采集、分析、整合能力，借助网络传播渠道加快转型。2015年，该报提出"新京报+"和"+互联网"概念，除开设官方微博与客户端外，还打造垂直领域的微信公众号矩阵，开发"动新闻"短视频新闻产品，成立"我们"视频新闻直播部门，上线"话题性内容类产品""热门话题"，与腾讯合作成立大燕网，把原创内容优势与IT公司的技术、渠道和资本优势进行嫁接。③

《新京报》的转型路径，是在保持与发挥专业媒体内容采编优势的前提下，以"增量"创新推进"存量"渐进式变革。④ 这种"+互联网"式的转型尽管步伐稳健，但在技术不断演进的新新闻生态中，仍面临着较大的不确定性。

（3）技术驱动主导下的平台化升级改造。这一模式的典型代表是《华西都市报》及"封面新闻"。封面新闻于2016年5月上线，力图打造引领人工智能时代的泛内容生态平台，旗下的系列产品包括"封面舆情""封面VR""封面直播""封面视频"等，突出"技术+内容"的客户端定位，既引入算法推荐、机器人写作等新技术，又保持导向原则，注重编辑权威。"媒体融合应以'互联网+'为前提，通过构建全新的互联网平台来推动媒体融合，抓住传统媒体所剩无几的转型窗口期，努力实现自身的融合转型"⑤。

市场化媒体要么通过关停并转的方式退出市场，要么逐渐转向"党报化"，体现出强

---

① 郭泽德.澎湃新闻的移动战略研究[J].新闻研究导刊，2014（12）.
② 满江红.澎湃新闻调研报告[EB/OL].（2018-03-21）[2018-05-02]. http://mp.weixin.qq.com/s/4UZqf34UF3E27tnACmm9xg.
③ 李晨.《新京报》：融合发展模式下都市报创新的综述与反思[J].中国记者，2016（10）.
④ 翟娜娜.立足内容，渐进转型——《新京报》媒体融合的策略与实践[J].新闻爱好者，2016（18）.
⑤ 李鹏.打造引领人工智能时代的泛内容生态平台——封面传媒的实践与思考[J].传媒评论，2016（9）.

化宣传、统合商业与专业离场的态势。① 比如，经过高层动员后，《东方早报》团队卸下思想包袱，形成了"将澎湃新闻作为党的宣传报道的重要渠道"的共识。② "从组织生活源头、选题管理源头、采编思想源头，细化和完善各项工作制度，澎湃新闻党组织战斗堡垒作用和党员先锋模范作用逐步得到充分发挥"③。可见，融合转型后的"新都市媒"的宣传渠道作用与符号意义进一步凸显，形成了与党媒互补的角色定位。

（三）新闻的重新大众化：受众竞夺生态中的新型主流媒体

作为专业媒体，"新党媒"与"新都市媒"在新新闻生态中面对的是市场与受众极度细分的需求环境，在主要由国有资本与财政补贴支撑的大背景下，专业媒体的商业属性被相对弱化，意识形态属性则被极大突显，专业媒体需要持续参与对受众注意力的竞夺，实现舆论引导能力的重建。

新闻大众化（popular journalism）成为不少党媒及"新党媒"的探索方向。党媒为尽可能多地"圈粉"而越来越多地采取新闻大众化手法，或通过"传播模式的调适"④来完成满足受众需求与达成宣传使命的双重任务，或通过抓住建党、建军、建国、"两会"等重大主题报道的契机，实践将用户情感、行动与多样场景融进来的"新宣传"模式，来建构与强化网民的政治认同。同时，市场化媒体也以新的新闻大众化手段来争夺用户市场。南都报系总裁认为，都市报再造"话语空间"需进行三大转型，其中媒体本身在定位上需要升级，《南方都市报》过去有许多深度报道，而现在其报道则向读者更轻松易读的方向转变。⑤而《华西都市报》更多着眼于通过技术力量重新"拉回"逐渐流失的受众。总体上，伴随着专业媒体的新闻大众化潮流，严肃新闻业的式微成为变迁格局中新闻业的隐忧。

三、变迁格局中专业媒体面临的挑战

（一）受众争夺与认同建构：新型主流媒体的双重挑战

在经济产业属性维度，"国有资本主导推动的行政性媒介融合被当成拯救'主流'的路径，被认为是'国家'有效进入'社会'赢取受众注意力的手段"⑥。当融合转型后短期内难以找到可持续的有效商业模式之时，得到各级政府发行渠道保障、财政拨款支持和专项经费资助的"公益化"新型主流媒体，固然不会因财政问题而整体衰亡，但可能面临失去市场竞争力、难以争夺受众注意力的风险。而在意识形态属性维度，尽管一些新型主

---

① 李艳红，陈鹏."商业主义"统合与"专业主义"离场：数字化背景下中国新闻业转型的话语形构及其构成作用[J].国际新闻界，2016（9）.
② 陈昌凤.媒体融合中的全员转型与生产流程再造——从澎湃新闻的实践看传统媒体的创新[J].新闻与写作，2015（9）.
③ 满江红.澎湃新闻调研报告[EB/OL].（2018-03-21）[2018-05-02]. http://mp.weixin.qq.com/s/4UZqf34UF3E27tnACmm9xg.
④ 李艳红，龙强.新媒体语境下党媒的传播调适与"文化领导权"重建：对《人民日报》微博的研究（2012—2014）[J].传播与社会学刊，2017（39）.
⑤ 曹轲.再造"话语空间"都市报需三大转型[J].新闻与写作，2015（1）.
⑥ 王维佳.传播治理的市场化困境——从媒体融合政策谈起[J].新闻记者，2015（1）.

流媒体重掌了"麦克风",但在互联网语境下舆论引导与广泛建构受众主流意识形态认同的需求,同受众分化、价值观多元与反向认同建构的现实之间始终存在着不小的张力。

在平台媒体与自媒体兴起初期,中国媒体分化出三个舆论场:以党报党刊、国家电视台、通讯社、重点新闻网站等为主体的官方舆论场;以市场化的都市媒体、商业网站组成的市场化媒体舆论场;以微博等社会化媒体为传播主渠道的民间舆论场。① 此后,经过网络空间治理、新型主流媒体打造、政务机构媒体大规模运营,官方与民间"'两个舆论场'的共识度有显著增强"②,原本活跃的市场化媒体舆论场也逐渐与党媒的官方舆论场趋同。

然而,在社会化媒体语境中,舆论引导要产生实效、要形成主导性舆论变得更加困难。一方面,由于公共表达的环境改变和平台媒体的管制政策变化,显舆论的形成越发困难;另一方面,基于特殊情境与体验的、非复制性传播的潜舆论或"沉默舆论"越发活跃。"沉默舆论"或在公开的舆论体系中难以被反映和捕捉,或被显舆论乃至"舆论泡沫"所覆盖与隐藏,或与主流舆论层分裂形成潜在民意场。它并不占据显性的议程资源,但切实地构成和"涵化"着社会意识的主体,在表层舆论的"社会皮肤"之下运行生长。③

由"新党媒""新都市媒"等组成的新型主流媒体,在很大程度上成功地将"主旋律"的显舆论从传统介质延伸到数字化的网络空间,但各种被遮蔽或隐藏起来的潜舆论,始终对主流意识形态认同的建构造成压力。从这个角度看,党媒的重新崛起依然面临挑战:其一,中国的网络空间依然面临着"左右"撕裂,党媒的社交媒体对左右立场的平衡把握非常困难;其二,尽管心灵鸡汤和生活小窍门等内容以及"标题党"式的做法吸引了民众的关注,但这些内容在中上阶层、精英阶层却并不受欢迎,党媒的社交媒体账号面临着在精英群体中失去影响力的危险。④

(二)衰落的严肃新闻业:专业媒体生存的正当性危机

生产专业化原创新闻是专业媒体的核心功能,其正当性寓于作为公众信托的中介对生存环境的监测、对社会风险的预警和对问题真相的披露中。基于真实、客观、公正与服务公共利益等专业价值标准的严肃新闻业,则是专业媒体建构起自身社会正当性的重要依托。

就政务机构媒体及其"新机关媒"而言,其新闻生产虽有聚焦特定行业的权威优势,但其并非综合性媒体,难以履行持续供给公共新闻产品的职能;数量庞大的自媒体,虽具备专业知识评论和关键信息突破的潜能,但因不具备新闻采编资质、表达伦理的欠缺,难以成为严肃新闻业的行动者;而平台媒体在商业驱动、用户至上理念的影响下更难以成为严肃新闻业的实践者。因此,专业媒体凭借专业资质、伦理水准和媒介公信力,依然是新新闻生态下严肃新闻业的关键行动者。

在商业变现压力与变化的政策环境下,严肃新闻业面临"何枝可依"的重要追问。采编、经营之间的防火墙制度,对媒体保证新闻质量、维持公信力及承担社会责任起着重要

---

① 周廷勇.从"威权舆论"到"权威舆论"——"微时代"主流舆论的解构与重振[J].重庆工商大学学报(社会科学版),2012(6).
② 祝华新.2014:"两个舆论场"共识度增强[EB/OL].(2014-12-25)[2014-12-26]. http://yuqing.people.com.cn/n/2014/1225/c209043-26277634.html.
③ 徐翔."沉默舆论"的传播机理及其功能研究[J].南京社会科学,2015(10).
④ 方可成.社交媒体语境下党媒"重夺麦克风"现象探析[J].新闻大学,2016(3).

作用。然而，随着传统盈利模式遭到冲击，转型过程中专业媒体的防火墙也出现松动。比如，不少都市报采取"事业部制"，以行业条线整合采编和经营人员，统一协调整个条线的新闻生产和广告经营。这种设置策略背后的逻辑，实际上就是打通采编和经营部门，采编人员开始深度介入经营，整合营销方式替代单纯的广告售卖。①

这种经济压力下的实践策略，是以流失媒介公信力作为代价的。王海燕、斯巴克斯（Sparks）等在2016—2017年间考察了中国6家媒体机构，研究了92份深度访谈资料，结果发现，面对生存危机时这些媒体的普遍性做法是利用公信力进行营销，以使媒体摆脱经营困境。在组织架构的市场化、收入来源的公关化与采编角色的经营化这三重策略的运作下，媒介公信力的市场潜能被充分挖掘出来，公信力不再是一种伦理工具，而变成一种经济工具，媒体的社会正当性因此受到挑战。②

而在监测环境、披露真相方面，专业媒体的社会功能出现了严重衰退。比如，包含调查性报道在内的深度报道，被视为专业媒体实践公共价值的重要领域。然而，一项针对中国调查记者的全国普查显示，与6年前相比，调查报道行业面临着更大的生存困境：人才严重流失，传统媒体调查记者从业人数下降幅度高达58%；调查记者的职业认同感显著下降，对国内媒体作为"理想媒体"的评价总体不高；职业忠诚度普遍较低且呈现出高度的不确定性。③

综上所述，专业媒体作为"党和人民的喉舌"既要切实扮演好"新闻舆论工作者"的角色，也要坚持严肃新闻业的价值传统。在事实碎片化、公众情感化的"后真相"时代，如何坚守严肃新闻业的职责使命、凝聚社会的理性共识，始终是专业媒体维护自身正当性与建构传媒公共性的重要挑战。

---

① 张志安，刘杰. 媒介融合的年度观察及展望[J]. 新闻战线，2015（3）.
② 王海燕，斯巴克斯，黄煜. 作为市场工具的传媒公信力：新媒体技术冲击与经济下滑双重压力下中国纸媒的社会正当性困境[J]. 传播与社会学刊，2018（1）.
③ 张志安，曹艳辉. 新媒体环境下中国调查记者行业生态变化报告[J]. 现代传播（中国传媒大学学报），2017（11）.

新党媒情感传播模式：策略、动因和影响[*]

张志安　黄剑超

一、引言

移动化、社交化与智能化传播技术的发展和应用，降低了传统媒体时代的传播渠道门槛，打破了国有传统媒体形成的传播壁垒。① 传统党媒在注意力争夺、话语权主导、政治认同建构等方面遭遇重大挑战。然而，市场化媒体和新技术在改写中国传播格局的同时，也使得宣传部门产生危机感，继而促使其管理下的党媒深入变革宣传理念以及宣传框架和模式。②

一个引起关注的积极现象是，社交媒体时代，党媒开始重夺"麦克风"。在与话语权和影响力都很强的市场化媒体的角逐中，党媒通过开设微博、微信和客户端等移动化传播平台，逐渐改变其式微的态势，吸引大量粉丝关注，重塑影响力优势。③ 可以说，党媒在提升影响力的过程中，正加速实现从传统党媒向新党媒的转型升级。在重夺"麦克风"的过程中，新党媒内容生产方面的重要策略是：打破相对严肃的刻板印象，推出融合形态的内容产品，运用情感传播策略，激发受众的情感共鸣，重塑"有温度"的媒体形象，持续提升舆论引导力。

新党媒对情感传播的重视，与情感具有承载和传播信息的作用有关。情感具有信息传递功能和行为调控功能。在信息传播过程中，除了语言交流使用的词语传递信息外，语言中含有的情感也传递了一定思想和意图。此外，作为一种心理状态，情感能调控人的行为，积极正面的情感有助于激发个体正能量。当下，公共舆论中的"情感"表达已经成为当代中国的重要现象。④

以党报、机关报为代表的传统党媒，主要在通讯、特稿等文本报道中表达情感，传统党媒通过文字、图片及其背后的情感抒发、价值表达和共同记忆等激发读者的情感共鸣。而新党媒主要通过各类视频、图文、H5等作品，以受众内在的情感诉求为切入点，激发

---

* 本文首发于《新闻与写作》2019 年第 3 期：78-83 页。原文标题《融合环境下的党媒情感传播模式：策略、动因和影响》，略改动。作者黄剑超为中山大学传播与设计学院 2018 级新闻传播学硕士研究生。

① 张志安，汤敏. 专业媒体的格局变迁与业态重塑 [J]. 新闻与写作，2018（5）.
② 张涛甫. 传播格局转型与新宣传 [J]. 现代传播（中国传媒大学学报），2017（7）.
③ 方可成. 社交媒体时代党媒"重夺麦克风"现象探析 [J]. 新闻大学，2016（3）.
④ 袁光锋. 公共舆论中的"情感"政治：一个分析框架 [J]. 南京社会科学，2018（2）.

受众的情感，从而增进受众的情感认同，实现主流媒体强化主流价值观、塑造社会共识的社会功能。近年来，以《人民日报》微博、微信、客户端为代表的新党媒，频繁通过移动产品策划激发受众情感共鸣，引起社会关注。

2017年建军节到来之际，《人民日报》客户端与腾讯天天P图联合推出的《快看呐！这是我的军装照》H5上线。该产品将建军90年来不同年代的军装呈现出来，邀请用户上传个人相片，利用人脸融合技术，生成用户在不同年代的"军装照"，既满足了许多人的"军人梦"，也借此向人民军队表达了敬意。据统计，该移动产品上线4天浏览量（PV）超过8亿，独立访客（UV）累计1.27亿，是社交化传播中的现象级产品。①

表1-1 《人民日报》2017—2018年推出的部分移动产品

名称	时间	出品方	合作方	内容简介
两会喊你加入群聊	2017年两会	《人民日报》客户端		沉浸式的模拟群聊，让网友加入与总理及部长的"互动"中
快看呐！这是我的军装照	2017年建军节	《人民日报》客户端	腾讯天天P图	用户上传照片后，H5利用人脸识别技术，生成属于用户的不同年代的军装照
史上最牛创业经	党的十九大	《人民日报》中央厨房	青创营工作室	H5采用了快闪视频，对中国共产党的发展、精神和战略进行全面介绍与展示
牵着妈妈的手，回到小时候	2018年春节	《人民日报》客户端	腾讯新闻、天天P图	上传自己和妈妈的合照，生成一张回到小时候的照片
幸福长街40号	纪念改革开放40周年大会	《人民日报》新媒体中心	快手短视频	在H5中以长图展现改革后的重大事件，唤起共同记忆，激发用户共鸣

两年来，《人民日报》新媒体中心、中央厨房策划推出了不少移动产品，并取得了很好的传播效果（见表1-1）。有学者认为，情感传播基于特定"原型"形成叙事表层，能够激活个体情感、引起情感共鸣和加剧情感张力，最终推动网络舆论的产生和发展。所谓"原型"则指常见的某些情境、特定主题和叙事模式。② 本文以《人民日报》微博、微信、客户端为研究对象，分析其作为新党媒的情感传播策略，以资本交换视角分析情感传播模式背后的运作机制和资源支撑，并在此基础上把握新党媒情感传播模式的影响。

二、新党媒内容产品的生产传播策略

传播媒介移动化、社交化的趋势增强，使得公共空间与个人空间的边界逐渐模糊，存在于私人空间的情感常常在公共空间流动和发挥价值，③ 成为公共传播中的重要元素。移动化、社交化、场景化的信息传播语境使得传播媒介在情感的调动和感染方面具有更大的便利，会产生更好的效果。社交媒体的即时信息分享机制随时分享"正在发生"的媒体事件，使人们

---

① 侯鑫淼，刘洪杰. "两微一端"媒体融合传播排行榜（7月31日—8月6日）[EB/OL].（2017-08-14）[2017-08-15]. http：//yuqing.people.com.cn/n1/2017/0814/c364056-29468272.html.
② 蒋晓丽，何飞. 情感传播的原型沉淀 [J]. 现代传播（中国传媒大学学报），2017（5）.
③ 卢嘉，刘新传，李伯亮. 社交媒体公共讨论中理智与情感的传播机制——基于新浪微博的实证研究 [J]. 现代传播（中国传媒大学学报），2017（2）.

更容易产生代入感。此外,传受双方关系的重构不仅仅表现在受众可以在舆论形成过程中发声,还表现在其可以参与到媒介内容的表达、评论、诠释和再传播之中。新党媒在移动产品的制作与传播上进行的探索和实践,正是基于对上述传播关系变化的把握以及对受众情感的洞察,其传播策略主要有三个特征。

(一) 以小见大:个体视角的"微叙事"与国家层面的宏大叙事相结合

有研究者比较《人民日报》客户端和公众号"侠客岛"发现,两者分别代表了传播调试的两种模式:情感模式和信息模式。情感模式在传播范式上偏向煽情主义,其内容特征简洁、通俗,语言风格强调"情感化""夸张化",报道视角上着重表达民众呼声,引用的话语多来自平民而不是政治权威。具体来看,新党媒移动产品的叙事以情感为切入点,把个人故事与国家发展相结合,把个人命运和民族命运联系在一起,体现为平民化的情感叙事特征。

在宏大主题的宣传报道中,传统专业媒体主要从国家、民族、社会、时代等政治经济议题着手进行宏大叙事。[①] 比如,为重温改革开放 40 年变化,《人民日报》客户端与快手短视频合作推出《幸福长街 40 号》,用户可以通过沉浸式体验来了解朴实画面中国家命运和百姓生活的沧桑巨变,由此,将宏大的视角融进个体命运之中,实现个人叙事和主流价值表达的有机结合。

个人的"微叙事"把视角聚焦于个体,常常蕴含丰富鲜明的个人情感,更易引发普通人对"他者"相似经历、相似故事的共情,这样就增强了新党媒情感传播的代入感。

(二) 参与传播:经由用户的情感体验和转发来提升宣传效果

《人民日报》微博 2012 年 10 月 30 日发文称,"一些司空见惯的中国式表述,大而化之,居高临下,语言板结。反映沟通的堕怠,透出权力的傲慢"。主流媒体要改变这种传统话语模式为"双边互动"新模式,就要转变姿态,更多地与普通公众对话,邀请公众参与传播,从而缩小主流媒体与公众之间的话语鸿沟。宣传模式在不断变化发展,以参与传播为基础的"参与式宣传"是一个发展趋势。对比以往直白式的宣传风格,"参与式宣传"的特点是受众能参与到官方主导的宣传活动之中,[②] 他们从中既得到了参与和体验层面的满足感,也增强了对国家、制度和政党的认同感。

社交媒体的移动化和信息即时分享机制使用户更容易因为情感共鸣而积极参与评论、转发和内容生产。以《快看呐!这是我的军装照》H5 作品为例,其主题指向为建军节献礼,语言风格上尽力避免传统媒体的"严肃形象",仅标题的使用便能窥见一斑,"快看呐!这是我的军装照",既简洁,又具有号召力,"我的军装照"诉诸的是公众参与并转发的自我实现感,引发了大量用户参与到制作个人军装的活动中。这一产品成功激发了公众参与传播的热情,拉近了产品和用户的距离,也增进了媒体与受众之间的关系,进而在实现更广泛情感动员的基础上达到了宣传效果。

---

① 张志安,陈子亮. 自媒体的叙事特征、社会功能及公共价值[J]. 新闻与写作,2018(9).
② REPNIKOVA M,FANG K. Authoritarian participatory persuasion 2.0: netizens as thought work collaborators in China[J]. Journal of contemporary china,2018:1-17.

（三）善用热点：把握特殊时间节点，调用结构性的情感力量

情感既包括喜悦、兴奋等正向情感，也包括悲伤、愤怒等负向情感。但无论何种情感，基于特定时间节点或情境来表达，更容易调动公众普遍的情感体验，具有更广泛的动员效果。新党媒的大部分移动产品都基于特定的时间或事件进行传播，如春节、建军节、教师节等，继而通过对用户结构性的情感元素的调用，激发情感共鸣，引起社会强烈反响。

2018年2月19日，《人民日报》客户端在春节前夕推出120秒微视频作品《牵妈妈的手》，并联合网络媒体发起大型互动参与活动。网友通过邮件、微博、微信等渠道，以文字、图片、视频等方式，上传自己与妈妈之间相处的小故事。同时，《人民日报》客户端又推出一款H5产品，网友上传与妈妈的合影到客户端，客户端就会生成一张模拟网友小时候与妈妈牵手的照片。这款移动产品上线三天，微博话题阅读量就超过了7亿次。春节是家人团聚的时刻，父母亲情在此刻凝聚，《人民日报》抓住契机，唤起公众对亲情的眷恋和感恩之情，弘扬了中华优秀传统文化中的家庭观。

三、新党媒情感传播模式背后的资源整合与资本互换

新党媒情感传播模式不仅体现在移动产品的策划和实施上，也体现在新媒体平台话语的转变和新媒体传播资源的整合上。当下，新党媒情感传播模式兴起的原因主要有三个：第一，情感传播一定程度上契合了当前新媒体传播的发展趋势，符合社会化媒介环境下用户的信息获取方式，能显著提高信息传播过程中公众的关注度和参与度；第二，情感传播模式使信息更易在较短时间内和移动空间中抢占用户注意力，提高党媒在网络舆论场上的影响力与引导力；第三，运用情感传播模式的产品获得大量转发和评论数据，新党媒能以此数据化、透明化的方式来评估传播效果，有利于新党媒提升在整合传播体系中的话语权和权威性。

在一个场域中，个体所处的位置是由其能够获得多少资本决定的，而处在什么样的位置，也影响着个体对资本的支配。[1] 布尔迪厄认为"资本"不仅包括马克思提到的经济资本，还包括社会资本和文化资本。也有学者认为，分析中国的新闻场域，首先要"确定中国媒介场中的关键资本"，其次才对媒介场的构型予以重视和分析。[2] 新党媒能重夺注意力及舆论引导力，商业主体的技术资本与经济资本的支持起到了强大的助推作用，同时，党媒的政治资本与符号资本吸引着商业主体。

在中国的媒介场域中，媒体在从事信息生产过程中受到宣传逻辑、新闻逻辑以及市场逻辑的制约。[3] 当下，媒介场域中不仅有专业媒体、自媒体等主体，还有政务微博和微信等机构媒体、以互联网公司为代表的平台媒体。不同的行动者往往在现有资本的基础上，展开资本的争夺和交换。新党媒实践情感传播模式的过程中，实现了自身与互联网平台媒体的资源整合和资本互换，其中，主要包括新党媒的政治资本、符号资本和商业主体的技术资本之间的整合和互换。

---

[1] 刘海龙. 当代媒介场研究导论[J]. 国际新闻界，2005（2）.
[2] 刘海龙. 大众传播理论：范式与流派[M]. 北京：中国人民大学出版社，2008：405.
[3] 田秋生. 市场背景下制约党报新闻生产的三重逻辑[J]. 国际新闻界，2009（2）.

（一）新党媒对互联网平台技术资本的整合

以《人民日报》为代表的党媒具有的核心优势是作为中共中央机关报拥有政治资本和符号资本，相对缺乏的则是互联网平台媒体拥有的用户规模和技术资源。当下，技术是媒介发展的重要变量之一，传统媒体对先进技术的拥抱和应用，可以使其创新产品形态，提高传播效率，增加流量。

在《快看呐！这是我的军装照》这一产品中，互联网商业主体的技术资本充分支持了该产品价值的发挥。腾讯公司旗下的天天 P 图为这一移动产品提供图像处理支持和后端服务器支持，人工智能技术被运用到画像处理之中使得用户的照片转化达到极度仿真的效果，提高了用户的使用满意度，后端服务器技术则使传播的效能得到了保障。据悉，腾讯公司为这一活动最高峰动态部署了 4 000 台腾讯云服务器，确保顺利满足海量用户的请求。[①]

移动产品的成功不仅有赖于产品本身的完成度，还有赖于传播渠道以及用户群体的规模。互联网平台媒体在多年的技术研发中，逐步形成了自己的信息分发平台，拥有了大规模的用户群体，这为新党媒移动产品的"爆款"打造提供了技术保障和资源支撑。随着移动应用技术的发展和用户需求的延伸，社交平台的媒体属性更加明显。《快看呐！这是我的军装照》由《人民日报》客户端出品，以 H5 形式在微信平台上进行传播，而截至 2016 年 12 月，微信全球月活跃用户数已达 8.89 亿。[②] 这一产品正是借助微信强大的流量资源进行的传播，实现了高达数亿的传播量。综上，互联网平台媒体的技术资本助力新党媒内容产品的价值变现主要体现在三个方面：技术保障助推传播力，技术平台助推引导力，流量资源助推影响力。

（二）互联网平台对新党媒政治资本和符号资本的需求

"政治资本泛指获得国家政治权力或国家权力承认而进行的投入。"[③] 主流媒体具有政治属性，且按照不同的行政权力级别进行划分。[④] 而《人民日报》作为中国共产党中央委员会机关报，是党和政府治理社会的重要力量，具有特殊的政治资本和符号资本。互联网平台与党媒合作推出移动产品，一方面，可以分享党媒优质的、具有高度影响力的内容，体现互联网平台对社会责任的担当和对主流价值观的引导；另一方面，互联网平台与党媒合作在一定程度上也释放着官方对企业及其产品认可的信号，有助于提升互联网平台的政治资本。

近年来，互联网巨头与中央级媒体合作的案例不在少数，如新华社与阿里巴巴共同研发"智能大脑"、《人民日报》与腾讯联手推动媒体融合、《人民日报》与百度合作推出"人民号"，这些合作背后实质上都促成了党媒和商业平台之间的资本互换和资源共享。

---

① 《人民日报》客户端.8 亿浏览量！关于军装照 H5，《人民日报》客户端有话说 [EB/OL]．（2017-08-02）[2017-09-11]. http://app.peopleapp.com/Api/600/DetailApi/shareArticle?type=0&article_id=668353.

② 企鹅智酷.2017 微信用户 & 生态研究报告 [EB/OL]．（2017-05-08）[2018-03-12].https://m.sohu.com/a/138987943-483389.

③ 刘海龙.当代媒介场研究导论 [J]. 国际新闻界，2005（2）．

④ 张志安.新闻场域的历史建构及其生产惯习——以《南方都市报》为个案的研究 [J]. 新闻大学，2010（4）．

媒介的形象、媒介的地位以及媒介的话语权等作为一种符号，在传播互动中向受众传达信息和意义，媒介的符号权力可以外化为两种形态：第一，媒介在制造和传播符号的基础之上，宣传主流价值观与意识形态，强化既有的社会规范；第二，通过象征性资源的累积，媒介不断巩固其内在权力边界，影响人们对媒介本身的认知。① 也就是说，媒介拥有大量符号资本，能够获取有利于自身价值标准生产的社会地位。② 《人民日报》作为宣传体系中最重要的符号，表征着政治认可、权威性、舆论的影响力等。与政治性强且权威主流的《人民日报》合作，互联网平台在某种意义上扮演起了代理人的角色，其可以借助合作者的符号资本为自己的业务发展和商业运营增强正当性，继而充分运用这种符号资本的增加，影响监管部门和普通大众对其商业形象的理性认知。

四、新党媒情感传播模式的影响和挑战

新党媒采取情感传播模式的显著作用是在多元传播主体共存的舆论场中"重夺麦克风"，提高舆论引导力。通过生产"爆款"移动产品等方式，新党媒在传播形式、内容和创意上集中发力，将新传播技术运用到主流报道和政治宣传实践中，以"情感"为突破口，优化了以往严肃理性的话语风格，提升了党媒对主流意识形态的塑造功能。《快点呐！这是我的军装照》这一H5移动产品在4天内获得8亿流量，"唱出我们的爱——我爱你中国"这一主题活动推出不到一周，微博话题总计阅读量突破15.2亿，《人民日报》客户端专题累计用户参与超过3 000万人次。③

同时，新党媒的以情感传播策略驱动的移动产品，往往传播中国优秀传统文化，回溯中国光荣革命传统，又或饱含人民对国家与民族的美好期待。这些积极向上、温暖人心的"正能量"内容，以新颖的形式吸引流量，有效增加了公众对主流内容的关注度和参与度，强化了受众群体对国家主流价值的归属感和认同感。此外，情感传播模式也实现了新党媒生产机制和传播模式的变革。新党媒的情感传播模式，以唤起情感共鸣的方式引起公众注意，引导公众参与，因此新党媒既需要从用户体验和公众心理角度出发创新产品形态，又需要在鼓励公众参与信息分发的基础上实现传播效果，由此实现内容和技术的进一步结合，强化用户价值在生产和传播各环节中的主导作用。

新党媒情感传播模式也存在一定的局限和挑战，首先，以情感作为信息的主要特征，可能会制约内容深层价值的传递或存在一定的娱乐化倾向。新党媒以亲近用户的形式承载有价值的信息，但一旦内容与形式无法保持充分的平衡，形式超越了内容，则容易导致新党媒在情感传播过程中弱化对严肃议题和理性价值的有效传播。而且，情感传播模式主要停留于情感激发，其效果相对短暂，很难对公众的观念认知产生持续影响。此外，运用情感传播模式的同类型产品可复制性较弱，多次运用该模式，传播效果会大打折扣，新党媒的舆论引导力也会下降。同时，新党媒要将主打"情感牌"的移动产品打造成"爆

---

① 石义彬，熊慧. 媒介仪式、空间与文化认同：符号权力的批判性观照与诠释[J]. 湖北社会科学，2008（2）.
② 关萍萍.《人民日报》中浙江民营经济的媒介形象变迁与符号资本增效[J]. 宁波大学学报（人文科学版），2018（6）.
③ 中国网信网.【人民日报客户端】我爱你中国[EB/OL].（2018-05-27）[2018-06-02]. http://www.cac.gov.cn/2018-05/27/c_1122894852.htm.

款",需要有较强的创意策划能力。归根结底,评估传播效果的重要指标应该是传播的"接受度",而非流量,仅仅追求信息的浏览量而忽视人们对意识形态的接受度,则会本末倒置。[①] 不过,从目前新党媒的情感传播实践来看,其正在积极主动地迎接挑战,通过不断探索和创新来持续引领内容变革,承担舆论引导主责。

---

① 张志安,曾子瑾.网络时政新闻的亲近性文本研究——以三家央媒2016年全国"两会"报道为例[J].新闻大学,2016(3).

混合情感传播模式：
主流媒体短视频内容生产研究
——以《人民日报》抖音号为例*

张志安　彭璐

一、引言

在媒体加速社交化和移动化的趋势下，曾掌握传播话语权的主流媒体逐渐面临包括机构媒体、平台媒体、自媒体等社会化新闻生产新行动者的挑战。[①] 以此为背景，主流媒体在社交媒体时代积极探索、适应和寻求改变，逐渐创新内容生产形态，拓展传播渠道。

移动互联网的发展为短视频应用的急剧扩张提供了契机。有报告指出，2018年，79%的中国移动互联网网民通过短视频获取新闻资讯，88%的中国互联网用户使用短视频进行社交，短视频使用正在成为越来越多中国网民的一种新的互联网生活方式。[②] 短视频的急速发展和巨大潜力，为主流媒体提升其影响力提供了新的"风口"。[③] 为此，各大主流媒体开始以入驻短视频平台或推出专门的短视频产品的方式进行布局和实践。

2016年9月，抖音短视频上线，经过两年多的发展，成为日活跃用户规模最大、国际化进程最快的短视频平台媒体。据《2018年抖音大数据报告》显示，截至2018年12月，抖音国内日活跃用户数突破2.5亿，月活跃用户数突破5亿。从2017年3月开始，主流媒体纷纷入驻抖音。截至2018年12月，共有1 344个媒体号入驻抖音，发布了超过15.2

---

* 本文首发于《新闻与写作》2019年第7期：57-66页。略改动。作者彭璐为中山大学传播与设计学院2018级新闻传播学硕士研究生。

① 张志安，汤敏. 新新闻生态系统——中国新闻业的新行动者与结构重塑[J]. 新闻与写作，2018（3）.
② TrustData.2018年短视频行业发展简析[EB/OL].（2018-05-30）[2018-07-02]. http://www.199it.com/archives/730075.html.
③ 张志安，冉桢. 短视频行业兴起背后的社会洞察与价值提升[J]. 传媒，2019（7）.

万个短视频，累计获赞数超过 26 亿。①《人民日报》从 2018 年 9 月入驻抖音平台，截至 2019 年 6 月 5 日，其抖音号的粉丝数已经超过 2 500 万，总获赞数 6.2 亿。有研究通过发布指数、播放指数、关注及互动指数三个指标，来对媒体抖音号影响力进行评估，结果显示：《人民日报》以总分 1 271 分位列榜首，榜单前五名中的另外四名分别是湖南卫视"快乐大本营"、CCTV 国家记忆、人民网、新华社"现场云"。②在 2019 年 5 月份的媒体抖音号月榜（Top50）和粉丝榜（Top20）中，《人民日报》抖音号以 1 000 的综合指数和 255 万涨粉数位列双榜第一。③以抖音、快手为代表的短视频平台逐渐成为主流媒体视觉内容生产与传播的主渠道。有学者认为，主流媒体通过范式修正（paradigm repair）和建立新的运作常规来回应新媒体的挑战和冲击，新的媒介生态和社会传播环境促使党媒进行新闻生产常规的改变，④为此，有必要对主流媒体在短视频平台上的内容生产和传播模式变化进行研究。

有研究者研究美国报纸报道模式流变，总结出信息模式、政论模式、故事模式和解读模式四种主要模式，并认为兼有公共性与商业性的双重属性所构成的辩证张力是美国报纸报道模式流变的深层根源。⑤信息模式主要指在新闻生产中报纸客观呈现作为信息的新闻；而政论模式下，报纸是"喉舌"，主要以传播政治言论为目的；故事模式强调以戏剧化的方式描写生活中吸引人的事件；解读模式是运用背景材料来分析新闻事件发生的原因，说明其影响、意义，或者预测其发展趋势的报道模式。⑥

针对中国传统媒体的新闻报道模式，有研究者通过对《人民日报》《中国青年报》《南方都市报》《新民晚报》《成都商报》5 家媒体 2012—2013 年两年间的新闻报道进行分析，发现机关媒体倾向于喉舌模式和煽情模式。⑦还有学者通过分析《人民日报》微博上关于拆迁和农民工议题的报道，发现社交媒体时代，主流媒体在坚持宣传主义范式的基础上，出现了与煽情主义范式杂糅的趋势，表现出一种混合报道模式的特征。⑧

也有学者认为，对新闻业的传统认知总是建立在理性/情感、信息/娱乐的二元基础上，"情感"往往被应用于商业化或市井新闻的语境中，意味着娱乐和煽情。但是，情感在公共生活中的形象不再是负面的，因此笔者认为有必要打破"情感—理性"对立的笛卡尔式的二元逻辑来对新闻业实践进行讨论。⑨实际上，在以往的新闻实践中，报道中加入情感元素以唤起公众情感共鸣成为一种新闻叙事方式。外国学者凯伦·沃尔-约根森（Wahl-

---

① 搜狐网.2018 年抖音大数据报告（完整版）[EB/OL].（2019-02-15）[2019-03-11]. http：//www.sohu.com/a/295033885_22833.

② 林功成，张志安，郑亦楠.媒体抖音号的现状、特征和发展策略[J].新闻与写作，2019（3）.

③ 你的糖糖.两周粉丝过百万，运营 8 个月粉丝超 2 500 万，《人民日报》抖音号是这样成长的 [EB/OL].（2019-06-10）[2019-08-06]. https：//mp.weixin.qq.com/s/wfe-Zx54wQBeqD-iccA6mw.

④ 李立峯.范式订定事件与事件常规化：以 YouTube 为例分析香港报章与新媒体的关系 [J].传播与社会学刊，2009（9）.

⑤ 张军芳.美国报纸报道模式的流变 [D].上海：复旦大学，2006.

⑥ 张军芳.美国报纸报道模式的流变 [D].上海：复旦大学，2006.

⑦ WANG H Y, SPARKS C, YU H. Popular journalism in China: a study of China Youth Daily[J]. Journalism: Theory, Practice&Criticism, 2019: 1203-1219.

⑧ 李艳红，龙强.新媒体语境下党媒的传播调适与"文化领导权"重建：对《人民日报》微博的研究（2012—2014）[J].传播与社会学刊，2017（39）.

⑨ 袁光锋.情感何以亲近新闻业：情感与新闻客观性关系新论 [J].现代传播（中国传媒大学学报），2017（10）.

Jorgensen)通过分析普利策新闻奖获奖作品中的情感策略,提出了"情感性的策略仪式"(the strategic ritual of emotionality)这一概念。他提出,叙述情感的新闻实践已经制度化和系统化了,报道的客观性和新闻故事的情感化二者并不冲突。[①]

新闻的叙事能够激励或控制情感,通过强调某些情感来激励大众做出反应,并避免出现另一些反应。[②]主流媒体的报道作为一种情感沟通机制,在很大程度上决定了什么样的情感能够进入公共空间,进而影响公众以什么样的情感进行交往。[③]另外,有研究者分析《人民日报》新媒体中心移动内容产品的生产,认为在媒体融合时代,主流媒体倾向于以"情感"为突破口,将新技术与宣传报道相融合,采取情感传播模式在多元传播主体共存的舆论场中"重夺麦克风"。[④]

那么,在新媒体技术的冲击和新闻场域中多元行动者竞争的压力下,主流媒体在短视频平台上正在形成怎样的内容生产模式?这种模式中的情感传播,与主流媒体在微博、微信等平台上的情感传播有何异同?主流媒体在视觉化内容生产中的情感传播效果如何?本文以《人民日报》抖音号为例,首先试图通过分析其短视频内容,概括其报道内容和题材类型的特征,其次探讨其内容生产模式的新变化,最后分析其传播效果和影响因素。

二、主流媒体短视频内容生产

短视频"长度以秒计数,主要依托于移动智能终端实现快速拍摄和美化编辑,可在社交媒体平台上实时分享和无缝对接"[⑤],但并没有绝对的时长标准。各大短视频平台对用户上传视频的时长限制一般有:15秒、30秒、1分钟、3分钟、5分钟等,一般认为短视频的时长介于15秒到5分钟之间。[⑥]也有业内人士进行了更具体的划分,提出了"短视频""超短视频""小视频"的区分,长度分别为3—10分钟、1—3分钟、15秒内。[⑦]本文以截至2019年5月获取的400余条《人民日报》抖音号短视频作品为研究对象,从题材选择、表达形态、叙事特征等方面进行内容生产特点的分析。

(一)报道内容和题材类型

抖音平台拥有大数据、算法分发等新的传播技术,平台生活化、娱乐化、年轻化特征明显。为适应平台特征,《人民日报》抖音号的内容生产,在题材选择和内容呈现上表现出新闻属性弱化、内容属性增强的趋势,更加注重"产品策划"思维。笔者对《人民日报》

---

① WAHL-JORGENSEN K.The strategic ritual of emotionality: a case study of pulitzer prize-winning articles[J]. Journalism, 14(1): 129-145.
② WALTER T, LITTLEWOOD J, PICKERING M. Death in the news: the public invigilation of private emotion[J]. Sociology: The journal of the British Sociological Association, 29(4), 579-596.
③ 袁光锋.情感何以亲近新闻业:情感与新闻客观性关系新论[J].现代传播(中国传媒大学学报),2017(10).
④ 张志安,黄剑超.融合环境下的党媒情感传播模式:策略、动因和影响[J].新闻与写作,2019(3).
⑤ 艾瑞网.2016年中国短视频行业发展研究报告[EB/OL].(2016-09-18)[2016-10-02].http://report.iresearch.cn/report_pdf.aspx?id=2643.
⑥ 张莉雪.移动互联网时代短视频新闻的发展研究[D].重庆:重庆大学,2017.
⑦ 中国新闻网.360发布快视频App"超短视频"战略全面启动[EB/OL].(2017-11-14)[2017-12-16].http://www.chinanews.com/it/2017/11-14/8376376.shtml.

400余条短视频作品初步分析发现,《人民日报》抖音号短视频的主要题材可分为主题人物、政论观点、热点事件和温情故事四类。

1. 主题人物

《人民日报》抖音号的主题性作品多以人为核心,通过讲述不同人的故事,烘托主题。其中,人民警察、边防士兵、消防官兵、退役军人等是最常出现的人物形象。其次是平凡百姓,以及各行业领军人物。虽然针对不同主题,人物选择上会呈现出一定差别,但《人民日报》抖音号上的短视频呈现人物故事的方式相对一致:聚焦于个人层面,以场景化的形式呈现出独特的生活体验和情感表达。

值得一提的是,与节日庆典或国家重大事件相关的短视频的传播效果显著。比如纪念建军 70 周年系列短视频之一的标题为"人民海军生日快乐!重温 2009 国庆阅兵海军方队的风采"的短视频,还有"南京大屠杀纪念日"短视频等,以国家重大节日或纪念日为主题的短视频都获得了较高点赞量。《人民日报》善于把握这些特殊时间节点,用具有视觉冲击力的短视频,充分调动用户的结构性情感。

主题人物类短视频,特别关注对人物形象的刻画和对人物故事的叙述。尤其是主题性短片,或回顾个人事迹、或追溯历史事件,选取典型的历史人物讲述故事,在内容表现上体现出人文主义精神。可见,基于抖音平台年轻化以及轻松的平台氛围,主流媒体意识到展示普通人的生活故事和关注青年人的故事,更容易激发年轻网民的情感共鸣。

2. 政论观点

有研究发现,党媒在社交媒体上倾向于对官方话语进行选择性的摘录和有重点的解读。[①]《人民日报》抖音号为了让年轻网民了解党的最新方针政策、国家领导人的最新讲话内容,凭借其独特的政治资源优势和内容优势,大量运用领导人讲话的片段,以政论观点类短视频形式传播主流价值观(见表 1-2)。

表 1-2 《人民日报》抖音号点赞量前五的政论观点类短视频

短视频作品标题	时长(秒)	点赞数(万次)	评论量(万条)	分享量(万次)
"河海不择细流,故能就其深",如果人为阻断江河的流入,再大的海迟早都有干涸的一天。习近平主席的演讲,震撼人心!	35	9 620	10.1	35
好消息!高血压、糖尿病等慢性病用药 50% 纳入报销。没有健康就没有幸福,总理的话,暖心、给力!	32	860	10	93.8
好消息!"两年内基本取消全国高速公路省界收费站",总理话音未落,现场掌声雷动!	15	494	10	81.2
习近平:祖国必须统一,也必然统一。《告台湾同胞书》发表 40 周年纪念会上一席话,掷地有声!	17	267	7	14.7
大海依旧在那儿!中国将永远在这儿!习近平主席在进博会开幕式上发表主旨演讲。一席话,掷地有声!#神奇的进博会	58	242	6.3	15.3

党媒在抖音上以特写镜头"近距离"展现国家主席、国务院总理的现场讲话,使领导人的

---

① 胡诗然,张志安.中国党媒借助社交媒体的政党认同话语建构——以《人民日报》海外版微信公众号"侠客岛"为例[J].传播与社会学刊,2019(48).

权威形象中增加了亲和力，党媒的政论观点表达也淡化了宣传色彩、强化了权威力量，党媒发布的作品涉及年青一代关注的国家实力、宏观政策、外交方针、社会民生等重大议题，能够增强他们的国家认同感和民族自豪感。

3. 热点事件

通过分析笔者发现，《人民日报》抖音号上对社会热点事件进行及时现场报道或追踪报道的短视频，点赞数普遍较多，说明新闻时效性和现场感仍然是主流媒体抖音作品的重要特点，快速报道和权威解读的能力是其传统新闻竞争力在短视频平台上的延续（见表1-3）。

表1-3 《人民日报》抖音号点赞量前五的社会热点类短视频

短视频作品标题	时长（秒）	点赞数（万次）	评论量（万条）	分享量（万次）
奔驰维权女车主：很害怕做了错误示范。拒绝以"同情"为理由的退款或退车。	55	542	10	8
密切关注！深圳暴雨已致7人遇难，4人失踪！搜救仍在继续。平安！	10	410	8.8	16.5
死刑！"滴滴顺风车司机杀人案"一审宣判。罪有应得！也愿姑娘安息。	23	366	7.1	9
重庆公交车坠江原因公布：乘客因坐过站，后与司机激烈争执互殴致车辆失控。15个生命瞬间消逝，心痛……	10	275	7	30.1
孟晚舟女士获得保释。在回答中国记者相关提问时，美国国务院副发言人帕拉迪诺如是说。	35	235	6.2	5.8

《人民日报》具有的政治资源优势和媒体资源优势，可以帮助其抓到社会热点题材，拿到独家现场信息，用短视频方式第一时间呈现重大事件的核心现场。如这个短视频，标题为"重庆公交车坠江原因公布：乘客因坐过站，后与司机激烈争执互殴致车辆失控。15个生命瞬间消逝，心痛……"，《人民日报》抖音号及时澄清重庆公交坠江原因，用黑匣子视频还原事件现场，吸引了公众的高度关注。主流媒体在重大新闻事件中及时传播真相、传达声音，有利于增强媒介公信力和权威性。

4. 温情故事

主流媒体肩负着传播优秀文化、弘扬社会正能量的使命，温情故事是《人民日报》抖音号的重要内容组成。这些记录生活中点滴真情、温馨感人事件的短视频，很容易获得网友的关注和转发。在点赞量、评论量和分享量三个指标中，温情故事类短视频作品都名列前茅，比如危难中救助他人的短视频常常获得上千万点赞。标题为"男孩落水被冲走，民警开车狂追。生死关头，车没停稳，民警冲下车不顾一切跳下去救人。记住这些为你拼命的叔叔啊！""孩子别怕，叔叔的安全帽给你戴，叔叔拼了命，也会把你救出去！没什么可说的，致敬！"的短视频，点赞量和分享量都排在前列。这些令人感动的瞬间，激发大批用户的强烈共情。提供积极向上、温暖人心的内容是主流媒体进行短视频内容创作的价值所在。①

传统媒体的宣传模式，内容风格相对比较严肃，新媒体环境下，主流媒体逐渐跳脱出以往的宏大叙事，更加重视个体话语表达和平民叙事视角。比如，同样是表达对中国军人保家卫国精神的赞美，《人民日报》的报道主要采取通讯等体裁进行相对全景的先进事迹报道，而《人民日报》抖音号则主要选取军人与孩子、妻子等短暂相聚的瞬间，以此在细腻的情感传播中折射英雄气概。

（二）表达形态和叙事特征

1. 碎片化叙事

受短视频的时长所限，《人民日报》抖音号的内容呈现"碎片化"的形态特点。所谓"碎片化"（fragmentation），最早出现在后现代主义的相关理论中，意为零散的、片段的、不完整的。②"碎片化"形象地描述了传统社会向现代社会过渡中出现的一些新的社会现象，也有学者认为这个概念是描述当前中国社会转型的形象说法。③社会转型时期，个体在市场上加速流动，传统社会关系网被打破，社会的个体化和原子化趋势也决定了群体意见的碎片化，但"中国历来是一个重视人情和情感的社会，至少对于情感支持抱着特定的期待"④，因此，"情感"是原子化的个体之间的纽带。伴随媒介加速发展，"碎片化"概念由社会领域进入了传播领域。有学者指出，移动互联网传播格局下，碎片化传播某种程度上代表着传播模式的变革，⑤主要体现在两个层面：一是事实性信息传播的碎片化，即传播的信息文本的零散性和信息要素的不完整性；二是意见性信息传播的碎片化，重点在意见的异质性和分裂性上。⑥

抖音短视频的"碎片化"传播，包含内容和形式两个层面。一方面，抖音短视频内容既有信息文本的碎片化，也有意见或观点的碎片化；另一方面，抖音短视频作品整体内容短小精悍，画面融合背景音乐，注重特写镜头的展现，形成视觉形式的碎片化。此外，基于抖音的内容智能聚合和个性化分发机制，抖音短视频又兼具了社交分发的"碎片化"。因此，抖音短视频的传播兼具内容碎片化、形式碎片化、分发碎片化。

艾瑞咨询发布《2017年中国短视频行业研究报告》（以下简称《报告》），《报告》中称，短视频不只是长视频的缩短，更体现碎片化时代新内容消费习惯。短视频具有社交属性强、创作门槛低、观看时间短和场景便捷等特征，更加符合移动互联网时代的碎片化内容消费习惯。《人民日报》抖音号，通过一个15秒到40秒的短视频作品，呈现事件的核心信息，相对于长视频来说，短视频对故事的完整阐述必然是不足的。但正是这种传播形态碎片化，才符合抖音平台的技术特性和传播规律，才能在最短时间内获取用户关注。

---

① 中共中央网络安全和信息化委员会办公室. 短视频传播正能量的"三路径"[EB/OL].（2018-11-13）[2018-11-20]. http://www.cac.gov.cn/2018-11/13/c_1123704122.htm.
② 原琳. 微博信息的碎片化呈现对受众认知影响的研究——一种理论的视角[D]. 吉林：东北师范大学，2016.
③ 喻国明. 解读新媒体的几个关键词[J]. 广告大观（媒介版），2006（5）.
④ 成伯清. "体制性迟钝"催生"怨恨式批评"[J]. 人民论坛，2011（18）.
⑤ 彭兰. 碎片化社会背景下的碎片化传播及其价值实现[J]. 今传媒，2011（10）.
⑥ 彭兰. 碎片化社会背景下的碎片化传播及其价值实现[J]. 今传媒，2011（10）.

2. 场景化聚焦

"场景"原本经常运用在影视领域,指在某个特定时间和空间内发生行为的片段,或指人物活动的某种场合与环境。① 与 PC 时代的互联网传播相比,移动时代,场景的意义被大大强化,② 用户在移动场景中活动的特点是,时间的碎片化、情境和空间的快速切换。

电视直播在视觉效果上制造出"现场感",但观众与现场的关系是基于二维画面的"观看",③ 现场感被削弱。《人民日报》抖音号作品的场景化聚焦,创造了用户与事件现场的新关系,即通过使用放大现场的局部特写、强化情绪的背景音乐,加上短小精悍的表达结构,抖音短视频比传统电视直播更容易将用户快速带进"现场"。而且抖音短视频频繁使用现场同期声,借助大字幕来强化核心信息,通过"扑面而来"的精彩瞬间增强用户如身临其境的"零距离"感。

就题材来说,《人民日报》抖音号发布的场景化内容多是国家外交活动、纪念日重大仪式以及公安机关现场抓捕行动等(见表1-4)。

表1-4 《人民日报》抖音号体现场景化聚焦的部分作品

短视频作品标题	时长(秒)	点赞数(万次)	评论量(万条)	分享量(万次)
历史性访问!摩纳哥首次迎来中国国家元首。欢迎仪式上,奏响中摩两国国歌。异国他乡听到国歌总是格外激动!	28	4 526	10.1	17
进入#两会时间!习近平等出席全国政协十三届二次会议开幕会,感受现场!	19	327	7.1	10.3
1月8日,习近平同朝鲜劳动党委员长金正恩举行会谈。会谈前在人民大会堂北大厅举行欢迎仪式。来看现场视频!	16	124	2.5	2.3
"谁还有铐子?"抓捕现场视频曝光!辽宁两名重刑犯越狱,今日终落网!	10	26.6	0.55	0.41
高清视频!看"嫦娥四号"落月那一刻!中国航天的这一步,也迈出了人类的一大步!为中国航天人点赞!	20	19.8	0.41	0.18

3. 情感化表达

有学者认为,情感传播基于常见的某些情境、特定主题和叙事模式,激发个体和集体情感,引起情感共鸣,加剧情感张力,从而推动网络舆论的发展。④《人民日报》抖音号短视频作品的情感化表达不仅体现在内容本身具有情感元素,还体现在背景音乐与内容在情感上相互促进,而其激发的情感多为强烈的爱国主义、英雄主义和人本主义情怀。

体现爱国主义和英雄主义情感的作品主要是回忆战友、致敬英雄、国家仪式等题材。如标题为"2次战斗英雄、1次特等功、3次一等功,可回忆起战友,95岁的张富清满眼泪水。

---

① 湛贵玲.移动互联网时代下的场景传播[J].新闻研究导刊,2016(7).
② 彭兰.场景:移动时代媒体的新要素[J].新闻记者,2015(3).
③ 彭兰.智媒化:未来媒体浪潮——新媒体发展趋势报告(2016)[J].国际新闻界,2016(11).
④ 蒋晓丽,何飞.情感传播的原型沉淀[J].现代传播(中国传媒大学学报),2017(5).

您一哽咽,我们也忍不住心疼……致敬!""妈妈,穿上军装我有两个母亲,一个是您,一个是祖国。哪有什么岁月静好,只是有人以放弃团圆,甚至牺牲为我们守护。致敬!""祖国派军舰来接你们回家!这是真实的'红海行动'。记住:危急时刻,祖国永远在你身后!"的短视频都获得了几百万个点赞。

体现人本主义情怀的作品一般在灾难报道中表示对生命的尊重、关爱,对不屈精神的赞美、弘扬;报道百姓生活时,表示对底层人物生存状况的关心、对小人物命运的同情。比如标题为"木里,终于下雨了……希望不要再有复燃,希望不要再有山火引起的伤亡,希望……""密切关注!深圳暴雨已致 7 人遇难,4 人失踪!搜救仍在继续。平安!""90 后独臂小伙靠搬砖养家:我活着就要坚强地活着。愿生活善待每一个坚强的人!"的短视频,表达了对平凡人点滴生活的关注,激发了人们对底层群体的关切。

背景音乐在短视频的情感化表达中发挥着关键作用。抖音平台提供的海量音乐素材,可以满足多数短视频的配音需要,音乐的情感渲染效果和短视频的视觉冲击效果相结合,能够使情感化表达的效果最大化地发挥出来。值得肯定的是,《人民日报》抖音号作品使用的背景音乐与其传播的主题高度契合。比如,在致敬英雄题材作品中,背景音乐多庄严肃穆,烘托家国情怀;现场救援或抢险救灾类题材作品中,背景音乐更加动感激昂,以营造紧张氛围;记录平凡人生活的现实题材作品,其背景音乐比较舒缓温情。

三、混合情感传播模式:主流媒体短视频内容生产的新特征

通过对《人民日报》抖音号短视频作品内容的分析,我们可以发现,其内容生产仍然保留了传统媒体的信息模式、故事模式和政论模式等报道模式,并在适应社交化、移动化的信息传播环境和抖音新技术平台的过程中强化了内容生产的情感模式。碎片化的视觉表达和情感化的传播形态,凸显《人民日报》抖音号政治资本和符号资本优势,其正逐渐形成内容生产的"混合情感传播模式"。

这种"混合情感传播模式"的主要特征是,以情感传播为外在驱动,以政论模式、信息模式、故事模式等为内在构成和信息要素,代表着中国主流媒体在新闻生产常规上正在进行的转变。以《人民日报》为代表的党媒内容生产的价值导向仍然是宣传主义,但这种宣传功能正在新内容生产模式的实践中体现新的特征和形态。

(一)总体特征

有研究者分析国外社交媒体平台 Twitter 上的政治传播时发现,具有明显情绪表达和情感倾向的内容更容易提高用户关注度和参与度。[1] 在国内社交媒体构成的融合媒体环境中,党媒的内容生产和产品策划也出现情感化趋势,党媒运用情感传播策略,尝试打破严肃刻板的媒体形象,重塑舆论引导力。[2]

---

[1] STIEGLITZ S, DANG-XUAN L. Emotions and information diffusion in social media—sentiment of microblogs and sharing behavior[J]. Journal of management information systems,2013,29(4):217-248.

[2] 李艳红,龙强. 新媒体语境下党媒的传播调适与"文化领导权"重建:对《人民日报》微博的研究(2012—2014)[J]. 传播与社会学刊,2017(39).

与以往信息模式、故事模式和政论模式相比，主流媒体短视频内容生产表现出的情感传播模式，更具有碎片化的特征。如上文所述，除了对阅兵、两会等典型官方活动进行报道外，《人民日报》抖音号不少内容跳脱出了"国家—民族"的宏大报道框架，更多使用"个体—场景"的微观内容框架，具体则体现在，更加"青睐"社会上的普通人，尤其关注社会弱势群体，用或励志，或温情，或感人的方式讲述诸多残障人士、快递员、外卖员等小人物的励志故事（见表1-5）。

表1-5 《人民日报》抖音号讲述平凡人故事的部分作品

短视频作品标题	时长（秒）	点赞数（万次）	评论量（万条）	分享量（万次）
姑娘，你努力的样子真美！总会有一些人会让你觉得，再艰难也该坚持。加油生活啊！	19	1 709	10.1	21.2
男子陪客户喝酒醉倒地铁站，民警一直守护安慰。妻子赶到，他突然失控，"我没有用……"生活不易，都懂……	43	763	10.0	37.9
列车员母亲狂奔就是了为了看看武警儿子。再辛苦，只要能看你一眼，知道你好，就够了！这就是母亲！	28	401	8.7	2.1
"我妈妈是外卖配送员，可她也是我们的小公主"，男孩一番告白，懂事得让人想哭……给辛苦工作的人多些尊重和善意！	23	334	7.1	13.2
90后独臂小伙靠搬砖养家：我活着就要坚强地活着。愿生活善待每一个坚强的人！	14	279	7.0	2.9

（二）影响因素

社交化、移动化、场景化的新闻消费方式的变革，使得情感传播策略成为新闻生产和消费的重要动力，主流媒体"混合情感传播模式"的生成主要受到三方面因素影响。

首先，新的影响力竞争和传播格局。在新媒体环境下，主流媒体与机构媒体、自媒体等新行动者角逐于用户的注意力市场，各主体竞争激烈，更加强调内容产品的持续创新。其次，主流媒体对社交化产品的传播效果和数据反馈的重视。在信息内容碎片化、娱乐化的抖音平台上，情感因素的注入有助于吸引和留住用户的注意力，并激发其参与、转发和点赞，而透明的数据佐证了主流媒体内容产品的传播效果。最后，在用户日益有限、碎片化的注意力内，人们往往更易产生情感共鸣，而不是对理念或事实做出反应。[①] 因此，采用情感传播模式更加容易满足用户的信息、娱乐和消费需求。

面对移动互联网等新媒体的冲击，《人民日报》内容生产的技术性调适不仅仅是"新"与"旧"的叠加，更是在移动化、智能化、社交化的新媒体环境下的技术与价值的对接。《人民日报》这种应变意识和能动自觉，直接反映在其对移动终端信息传播规律的精准把握上，一定程度上，移动终端用户信息消费场景的不确定性决定了其对信息需求的碎片化，但专业新闻机构的内容生产又不能全盘碎片化。[②]

---

① WAHL-JORGENSEN K. The strategic ritual of emotionality: a case study of pulitzer prize-winning articles[J]. Journalism, 14（1）: 129-145.

② 雷霞. 碎片里的融合——浅析移动终端新闻生产[J]. 科技传播，2015（7）.

传统媒体大众传播的新闻生产范式，是建立在线性序列时间和静止空间基础之上的。①抖音平台模糊了时空边界，重组了时空结构，在这个平台上展开内容生产，必须改造传统新闻生产的模式和架构。《人民日报》在抖音上，扮演的是内容供应商的角色，其在乎的不是传播主导权而是网络影响力和舆论引导力。抖音短视频的推荐和分发功能首先以"附近"和"关注"为主，再配合用户标签和内容标签的匹配度进行智能分发，从这个角度看，《人民日报》无法扮演分发环节的"把关人"角色，但点赞数、评论数、转发数等数据构成的超级流量——截至2019年5月，《人民日报》抖音号拥有粉丝2 352万——可充分说明其内容的吸引力和受关注度。

（三）资源整合

在新传播环境下，传统媒体与新兴媒体通过技术合作、授予权限、战略联盟等方式进行的结合，都是媒体组织进行内部与外部资源整合的创新尝试。有学者认为，这些尝试无论是在创新主体数量还是在创新内容范围上都还未实现开放式创新范式的完全转换。②

党媒不断寻求与互联网平台媒体的资源整合，党媒主要利用其政治资本、技术资本和文化资本，在媒介融合环境下寻求其内容的全方位传播。与传统媒体相比，互联网平台具有海量用户、精准触达、实时更新、多终端覆盖等优势，为党媒提供了能提高传播力和舆论引导力的超级用户平台。《人民日报》的权威性、受关注度和影响力是其特殊的政治资本和符号资本。比如，《人民日报》通过剪辑领导人讲话或领导人出席重大仪式的片段，就能迅速产出多条"直击现场"的短视频，形成具有时效性的强大传播力。

技术资本上，抖音平台会对《人民日报》这样的头部用户在流量推广、粉丝推广、内容推广上进行一定的倾斜和支持。除外部支持，《人民日报》还会在与互联网平台的合作过程中，强化"技术采纳"的自觉性和敏锐意识。实际上，《人民日报》抖音号短视频素材的获取在很大程度上并不依赖《人民日报》自身的采编队伍，《人民日报》能快速从基层政府、企事业单位和地方媒体拿到独家新闻素材和内容资源。如前文所述，在重庆公交坠江事件中，《人民日报》第一时间拿到黑匣子视频资料，运用短视频迅速还原了事件真相。

（四）传播效果

从微博到微信，再到抖音平台，《人民日报》始终处在主流媒体网络传播力的第一名。③从2018年9月开通抖音号至今，《人民日报》抖音号粉丝数超过2 500万、点赞数6.2亿。视觉形态的探索、正面情绪的放大、情感传播模式的运用，使其短视频内容的完播率不断增高，点赞数不断增多，也使其不断推出符合自身品牌调性的爆款内容。④

2019年4月23日是中国人民海军70周年生日，抖音发起了"#人民海军70周年"

---

① 谢静. 微信新闻：一个交往生成观的分析 [J]. 新闻与传播研究，2016（4）.
② 整理自厦门大学新闻与传播学院殷琦在2018年10月中山大学"媒介融合再审视：中国经验与学术阐释"工作坊上的报告.
③ 数据来源：清博大数据微博、微信、抖音传播力榜单。如抖音传播力指数（DCI）通过综合评价抖音账号的短视频数量、互动状况、覆盖用户程度来体现其在短视频平台的传播影响力.
④ 你的糖糖. 两周粉丝过百万，运营8个月粉丝超2 500万，《人民日报》抖音号是这样成长的[EB/OL].（2019-06-10）[2019-10-12]. https://mp.weixin.qq.com/s/wfe-Zx54wQBeqD-iccA6mw.

的话题,《人民日报》抖音号团队凭借其短视频素材选取和剪辑能力,从多部海军纪录片中摘取最为精彩的阅兵镜头,在保持叙述的完整性和连贯性基础上,将背景音乐鼓点与阅兵步伐结合,制作了短视频作品,该作品的播放量近2亿,点赞数超过1 300万。

需要指出的是,《人民日报》抖音号使用混合情感传播模式,尽管对吸引用户关注、激发情感共鸣有明显作用,但碎片化的内容形态和分发机制,制约着《人民日报》抖音号更深层价值的有效传递,要在短期情感激发的基础上实现长期的情感共鸣还需要进一步探索可实现的传播新方式。

四、结语:主流媒体混合情感传播模式的发展趋势

以《人民日报》为代表的主流媒体不断调适自身内容生产和传播模式,以适应新媒体技术和新传播环境的挑战。一方面,各主流媒体通过进驻微博、微信、抖音等平台媒体来增强渠道覆盖面和舆论引导力;另一方面,各主流媒体也通过建设自己的中英文新闻客户端来积累用户,打造自主的移动新媒体平台。纵观《人民日报》微博、微信和抖音号的内容生产,可以预测,主流媒体的混合情感传播模式的作用将会日益凸显。

截至2018年,《人民日报》微博粉丝量近9 000万,发博文的数量超过10万篇,功能主要体现在及时传达权威声音、简易解读重大政策、展开快速贴心的公共沟通,该微博也表现出明显的情感化传播倾向。有研究认为,《人民日报》微博是新媒体对传统主流媒体体系造成冲击之后传统主流媒体建立的一种反应性机制,《人民日报》逐渐改变了原有的传播范式,通过积极沟通和即时回应民意,重新争取公众的关注。在此过程中,情感激发和正义表达的结合是其话语转变策略的显著特征之一。① 还有研究选取《人民日报》微博新闻评论栏目《你好,明天》和《人民微评》进行话语分析,认为相比其报纸的新闻报道风格,《人民日报》微博评论式新闻的语言更"接地气",更具人情味,特别是其在论证过程中将"诉诸逻辑"和"诉诸情感"结合,用立场鲜明、情感充沛、富于感染力的语言激发网民的情感共鸣。②

《人民日报》微信公众号以"参与、沟通、记录时代"为口号,也试图改变官方媒体的严肃传统形象,表现出灵活、亲民的风格。不过,与微博不同的是,微信公众号形成了层级化的矩阵格局,③可以通过分类、分层的内容资讯品牌群,针对分散化的用户群体、差异化的用户需求进行内容深耕和垂直分发。《人民日报》微信公众号以转载《人民日报》报纸内容或新华社、中央电视台等官方媒体的优质内容为主,内容主要涉及三类:国家大事、领导人活动,反腐、三大攻坚战等社会题材新闻,亲情、友情、爱情等正能量情感内容。

如何不断适应新技术并寻求主题表达、技术呈现的平衡是主流媒体在内容生产变革中需要深度思考的问题。通过对《人民日报》抖音号的内容分析,我们认为,"混合情感传播模式"是以《人民日报》为代表的主流媒体在移动化、社交化、视觉化平台上进行内容

---

① 李艳红,龙强.新媒体语境下党媒的传播调适与"文化领导权"重建:对《人民日报》微博的研究(2012—2014)[J].传播与社会学刊,2017(39).
② 董天策,梁辰曦,夏侯命波.试论《人民日报》官方微博新闻评论的话语方式[J].国际新闻界,2013(9).
③ 黄楚新,王丹.主流媒体微信公众号:现状、特点与发展趋势[J].新闻战线,2016(9).

生产的主导模式。在坚持宣传主流意识形态和主流价值观的基础上，以情感模式为内核，整合运用信息模式、政论模式、故事模式，将成为主流媒体甚至专业媒体普遍的内容生产模式。

"混合情感传播模式"确实能起到吸引关注，增长粉丝，提升党媒内容产品的网络影响力作用。这种传播模式在产生"入眼、入耳"传播效果之外，能否使网民产生对国家、政党、体制的深层认同，进而实现"入脑、入心"的传播效果，还有待继续考察和观望。

有学者认为，情感具有公共性，应当将情感研究放在公共领域的研究脉络之中，关注"情感""公众""公共领域"之间的关系。[①] 目前，我国社会结构和公共领域中存在着一些不平衡现象，诸如社会矛盾、贫富差距、部分群体心理失衡等。[②] 未来，针对主流媒体内容生产模式的研究，有必要再深入探究诸如爱国主义、民族主义等情感策略的使用，会如何塑造公众之间的交往关系，公众又如何受情感传播影响与国家意志、主流意识形态之间进行互动。学者对这些深层问题的探讨，将会丰富社会转型期和主流媒体数字化进程中的政治传播研究和数字新闻业研究。

---

① 袁光锋."情"为何物——反思公共领域研究的理性主义范式 [J]. 国际新闻界，2016（9）.
② 张志安，晏齐宏. 个体情绪 社会情感 集体意志——网络舆论的非理性及其因素研究 [J]. 新闻记者，2016（11）.

都市报融合转型的三种路径及其影响研究

张志安　姚尧

【摘要】本文以国内不同地区具有代表性的三家都市报《华西都市报》《东方早报》《南方都市报》为例，从都市报怎样处理"报—端"关系的角度，归纳出渠道拓展和品牌再造过程中融合转型的三种路径：第一种是变革再造模式，以《东方早报》和"澎湃新闻"为代表的，经由彻底的数字化新闻客户端运营而去报纸化的转型路径；第二种是改良再造模式，以《华西都市报》和"封面新闻"为代表的，报纸经由移动互联网和新型客户端建设重新建立影响力的转型路径；第三种是坚守再造模式，以《南方都市报》和"南都大数据研究院"为代表的，继续扎根内容生产和产品运营，以"智库媒体"定位再出发的转型路径。总体上，都市报在融合转型趋势影响下，减少舆论监督，主攻正面宣传，提升政务传播，强化服务价值，以往少数具有"创造性遵从主义"生产惯习的主流都市报，正在服务主流意识形态传播和国家治理现代化过程中，逐步转变成具有"遵从主义"生产惯习的都市报。本文进一步说明，不同区域市场中，包括媒体管理结构、政府财政支持、新闻政策环境等多元化政治力量作为主要因素，经济、文化、技术作为其他因素对都市报转型路径的选择产生差异化影响。

【关键词】都市报　数字化　融合转型　转型路径

引言

自 2014 年 8 月 18 日中央全面深化改革领导小组第四次会议审议通过《关于推动传统媒体和新兴媒体融合发展的指导意见》迄今，中国报业融合转型不断深入，媒介融合已从"终端融合""渠道融合"，进入"业态和商业模式融合"[①]的关键阶段，这一阶段是以"体制机制融合"为主要特征的融合 3.0 时代。[②] 有数据显示，2009 年至今已有超过 100 家报纸停刊休刊，其中超过一半为 2018 年 1 月 1 日之后停刊休刊，超过 2/3 为 2017 年 1 月 1 日后停刊休刊，超过 4/5 为 2016 年 1 月 1 日后停刊休刊。[③] 2018 年停休刊的 53 家报纸中，

[①] 北京市新闻工作者协会.媒体融合蓝皮书：中国媒体融合发展报告（2015）[M].北京：社会科学文献出版社，2015.
[②] 梅宁华，支庭荣.中国媒体融合发展报告 2019[M].北京：社会科学文献出版社，2019.
[③] 网眼大观.停刊休刊报纸逾百家，半数是一年来停休刊，全名单在这里了！[EB/OL].（2019-01-21）[2019-01-25]. http：//dy.163.com/v2/article/detail/E628L0QS0524DR2N.html.

都市报有 39 家，主要包括两类，一是传统晚报，如《湘潭晚报》《白银晚报》；二是包括商报在内的都市报，如《西部商报》《江西商报》《汕头都市报》《华商晨报》。

与党报相比，都市报由于缺少政策红利和资金补助，又承担着体制和市场的双重压力，在转型的过程中面临着更多困难，如年轻受众容易流失、新型模式难以建立等。① 有学者认为，"传统媒体在媒体融合发展的过程中面临的任务是如何运用这种新的渠道，掌握这种新的工具，构建新的平台"②。除不同时期相继开设的数字版、微博、微信外，是否建设新闻客户端特别是建设具有独立品牌、原创新闻资质的客户端，可以作为判断都市报业务模式、品牌拓展情况、转型路径的重要指标。都市报以往以"报"（报纸发行）为主，其数字化转型的目标是占领"网"（移动互联网），而开通"端"（客户端）是占领"网"的重要方式。为此，本文尝试以"报—端"关系为切入点，通过聚焦不同地区具有代表性的都市报数字化转型案例，分析中国媒介融合的差异路径及其背后的政经逻辑。这三家都市报分别是：彻底放弃报纸渠道，全新打造"澎湃新闻"客户端的《东方早报》；既运营报纸产品同时又建设"封面新闻"客户端的《华西都市报》；以"南都大数据研究院"为驱动，立足报纸产品拓展智库服务的《南方都市报》。文章重点分析这三家都市报代表的三种转型路径，继而探讨政治、经济、文化和技术等不同因素如何影响不同地区的都市报的转型路径，并简要探讨数字化转型对都市报社会功能和组织文化产生的影响。

一、都市报融合转型的现状和策略

1. 都市报融合转型的拐点和压力

《2017 中国报业发展报告》显示，中国报业出现"断崖式"下滑的拐点是 2012 年。③ 从 2012 年开始，报纸的零售市场份额连年出现下跌，当年跌幅达 3.09%，2013 年达 10.83%，2014 年达到 15%，进入 2015 年以来，全年报业总体广告收入同比下降幅度高达 35%。④ 另有数据显示，2014 年报纸发行量实际下降了 25% 左右，报纸广告收入也连续四年下降，发行量下降的报纸主要集中在市场化程度高的都市报。⑤ 2018 年，报业广告收入仍然呈下滑态势，传统都市报的广告收入持续减少，而党报广告收入则稳步增长。⑥

都市报融合转型面临的压力既来自行业性的整体危机，也来自自身的特殊困境。一方面，传统报业普遍面临新闻纸涨价、广告投放量大幅下滑、零售量锐减、人工成本提高、媒体融合过程投入巨大、新媒体增量营收效果不显著等多重考验；另一方面，都市报不像各级党报能获得来自政府部门的财政和政策支持，需自谋出路。有研究指出，⑦ 在媒体数字化转型期，党报获得了来自政府的直接补贴和作为"间接补贴"的政治广告收入，整体

---

① 张志安，张小瑞. 都市报融合转型：观念、策略和体制 [J]. 传媒，2015（2）：22-24.
② 陈国权. 2018 中国报业发展报告 [J]. 编辑之友，2019（2）：46-53.
③ 陈国权. 2017 中国报业发展报告 [J]. 编辑之友，2018（2）：28-36.
④ 数据来自中国书籍出版社 2010 年到 2016 年出版的《中国新闻出版统计资料汇编》。
⑤ 崔保国，何丹嵋. 2014 年中国传媒产业发展报告 [J]. 传媒，2015（12）：11-16.
⑥ 陈国权. 2018 中国报业发展报告 [J]. 编辑之友，2019（2）：46-53.
⑦ WANG H Y, SPARKS C. Chinese newspaper groups in the digital era: the resurgence of the party press [J]. Journal of communication, 2019（1）：94-119.

呈现兴起甚至崛起态势。

2. 都市报融合转型的策略与趋势

从发展趋势看，未来"所有的媒介都向电子化和数字化这种形式靠拢，这个趋势是由计算技术驱动的，并在网络技术的推动下变得可能"①。按照里奇·戈登（Rich Gordon）从技术、媒介组织行为和新闻生产操作等三个维度的概括，媒介融合的形式包括六种，即"媒介科技融合（convergence in media technology）""媒介所有权融合（convergence of ownership）""媒介战略融合（convergence of media tactics）""媒体组织融合（structural convergence of media organization）""信息搜集能力融合（convergence of information gathering）"和"新闻叙事融合（convergence of news storytelling）"。②纵观都市报的融合转型，在数字化的总体趋势影响下，既有新闻叙事、新闻生产方面的微观创新，也有注重传播业务和整合营销、拓展组织定位和社会功能的中观探索。

（1）探索新闻内容的融合叙事创新

从新闻叙事形式和内容创新的角度看，《新京报》从传统纸媒的"文字阵地"逐渐转向各类网络平台的"移动阵地"，特别是在视频内容生产方面取得了比较显著的成效。《新京报》与腾讯视频合作推出"我们视频"视频新闻项目，《新京报》还与360、小米公司等合作推出了新闻动画短视频栏目《动新闻》。不过，从目前发展态势看，此类新闻内容的融合叙事创新，主要赢得的是专业口碑，很难获得可持续的收入回报。

（2）加强整合营销和运营能力

由于传统广告模式很难获得直接收入，都市报普遍采取版面策划、活动、展会、论坛等整合营销的方式加强商业运营能力。如《半岛都市报》打破部门间的壁垒，组建了8个行业全媒体中心和全媒体策划中心，加强全媒全案策划营销力量，调整优化考核办法，将重心转到了广告营销上。③《楚天都市报》和《温州都市报》加强对"创意"的考核，《楚天都市报》在其创设的全媒体指挥集成中心下设"评论与集成创新部"，④《温州都市报》则在日常考核基础上加入创意考核制度，出台创意考核办法，在绩效分配上向创意产品和创意活动倾斜，实行创意排名。⑤

（3）拓展政务传播业务和服务

《晶报》通过服务政务新媒体垂直领域来增加营收，不仅探索出新的盈利模式，而且拓展了政务传播的内容资源。2018年5月上线的《晶报》App的一大特色，就是其依托报社代运营的140多家政务新媒体公众号打造出了政务媒体微端集群"阳光号"，既为《晶报》App提供了市、区、街道、社区四个层级权威、丰富的一手政务信息及新闻，也为《晶报》App提供垂直政务服务打下了基础。

---

① 熊澄宇. 信息社会4.0：中国社会建构新对策[M]. 长沙：湖南人民出版社，2002.
② KAWAMOTO K.Digital journalism：emerging media and the changing horizons of journalism[M].Lanham：Rowman & Littlefield，2003.
③ 陈国权.2018中国报业发展报告[J]. 编辑之友，2019（2）：46-53.
④ 赵洪松，苏争. 用自我设问推进转型发展——《楚天都市报》的融合转型探索[J]. 新闻战线，2018（3）：69-72.
⑤ 吴瑞珍. 地市级媒体中央厨房的现实探索——《温州都市报》以三大空间为载体实施融合转型升级[J]. 新闻战线，2018（15）：88-89.

《信息时报》则坚持"以社区传播为己任",重点打造"微社区 E 家通",借助微信公众平台建构社区化的传播网络体系,把政务传播服务向基层延伸。转型过程中,"微社区 E 家通"凭借母报的内容和资源积累,在提供政务资讯与便民服务、促进公共沟通、推动公民参与社区实践、打造社群经济方面取得了一定成效。①

二、变革再造:从《东方早报》到"澎湃新闻"的彻底数字化转型

2016 年 12 月底,《东方早报》宣布休刊,在休刊词中宣称"'东方早报'向澎湃新闻网的彻底转型,水到渠成,势所必然"。从报网融合到去报纸化全面转型客户端,《东方早报》向"澎湃新闻"的转型代表着上海报业集团舍"报"建"端"的变革再造决心。有观察者认为,澎湃新闻创办初期,上海报业集团坚持《东方早报》和澎湃新闻同步发展策略。之后,《东方早报》更加深入地进入新媒体领域,试图通过运作澎湃新闻,改变后台内容的生产机制,甚至期望用这套生产机制反哺《东方早报》。②伴随报业转型挑战的进一步加大,澎湃新闻在原创新闻客户端领域的先发优势逐步显现,上海报业集团才最终做出彻底转型运营澎湃新闻的"变革再造"决策。

澎湃新闻的诞生和发展与当地政府部门对媒体融合高度重视,加大对媒体的整合力度密切相关。上海报业集团成立后,依托《解放日报》推出客户端"上海观察",依托《东方早报》推出"澎湃新闻",都是主流媒体布局移动互联网,建立网络舆论影响力的举措。

时任上海市委书记韩正曾用三个半天的时间深入报社和报业集团开展调研,上海报业集团也确定了整体发展的新策略——"实施平台战略,最大化地发挥集团的整合优势,在平台上做集成,做孵化,从产品、项目的单体打造走向围绕新媒体产业布局和发展模式的顶层设计"③。上海"三大报"《解放日报》《文汇报》《新民晚报》合并后,报业集团内的都市报相对冗余,截至目前,《东方早报》《新闻晚报》均已停刊,《新闻晨报》保留。因此,《东方早报》停刊也与集团合并后同类都市报定位重复、急需结构性调整有关。

澎湃新闻在发展过程中获得了中央网信办、上海地方政府的政策、资金扶持。成立后不久,澎湃新闻面向全国用户,围绕时政领域进行原创新闻报道,发表了一系列有影响力的原创反腐报道,快速吸引了大量用户,其也率先获得互联网新闻信息服务一类资质。此外,澎湃新闻日出稿量大,上线初期已有约三四亿元的投入,这些资金有一部分来自上海报业集团的资助,还有一部分是联想的弘毅资本等外部资本投入,而上海报业集团所提供的资金则来自其每年收到的上海市财政补贴,这种在内容生产上不计成本的政策支持力度在国内实属少见。2016 年 12 月,澎湃新闻引进 6.1 亿元国有战略投资,增资完成后,上海报业集团对澎湃新闻的持股比例由 100% 变更为 82.2%。④

---

① 张驰雯. 媒介融合背景下的《信息时报》微社区建构研究[D]. 广州:广东外语外贸大学,2018.
② 南方报业传媒集团,南方传媒学院. 南方传媒研究(第49辑):融合路径[M]. 广州:南方日报出版社,2014.
③ 南方报业传媒集团,南方传媒学院. 南方传媒研究(第49辑):融合路径[M]. 广州:南方日报出版社,2014.
④ 王潘. 澎湃新闻引进 6.1 亿国有战略投资 估值达 34 亿元[EB/OL]. (2016-12-28)[2016-12-28].https://tech.qq.com/a/20161228/026098.htm.

澎湃新闻负责人总结媒体融合转型经验时，也强调了其党属新媒体的属性。近年来，在有限监督的基础上，澎湃新闻也突出了宣传功能，在舆论高地掌握话语权，扮演主流舆论引领者角色，中宣部、中央网信办以及越来越多的中央部委和地方政府将澎湃新闻作为宣传重大主题的重要阵地之一，澎湃新闻在主旋律报道、重大主题宣传中积极主动作为，充分运用移动互联网思维，增强传播力、影响力。①

三、改良再造：《华西都市报》与"封面新闻"的双品牌运营

作为中国第一张都市报，《华西都市报》自1995年以230万元投资创办以来，年利润长期以每年1000万元的速度增长，直至9年以后实现年利润1亿多元。在传统报业的"黄金年代"，《华西都市报》是国内都市报的翘楚，随着互联网的发展，《华西都市报》在报网互动方面先行先试，但整体收效甚微。进入报业衰退的拐点，《华西都市报》的利润开始下降，也开始面临转型难题。

《华西都市报》在融合转型初期，强调商业和技术并重的发展思路，与多家互联网公司开展合作。2014年8月，《华西都市报》与阿里巴巴集团合作，打造西南电商基地。同年12月，《华西都市报》又与百度公司合作，成为第一批入驻百度传媒的媒体。2015年10月28日，四川日报报业集团与阿里巴巴集团合作，以《华西都市报》为落实主体，成立封面传媒，随后，封面新闻客户端上线。

受众定位上，封面新闻瞄准年轻人，打出标语——"亿万年轻人的生活方式"，希望面向"80后""90后"年轻人群打造"个性化定制"移动互联网产品。② 封面新闻在发展中非常强调技术采纳、产品创新和商业运营，逐渐明确了"智媒体"的产品属性和发展策略。一方面，封面新闻的风格年轻、活泼，比较符合年轻群体的口味；另一方面，封面新闻对技术高度重视，推出聊天机器人，打造5G直播间，通过分析用户行为和精准推送"智能化"内容，增加用户数量，增强用户黏性。③

自成立后经过短短不到一年时间，封面新闻获中央网信办支持，成为继澎湃新闻后全国第二家、西部第一家获批国家一类新闻信息服务资质的客户端。2017年1月1日，《华西都市报》改版时，在报纸的重要新闻板块都增加了封面新闻App的二维码，尝试进一步打通"报"和"端"。2018年，封面传媒与四川文化产业股权投资基金签署战略协议，推进上亿元Pre-A融资。与《东方早报》彻底数字化转型路径不同，《华西都市报》坚持"双品牌"战略，推动报纸和客户端融合发展，这种"母报+客户端"的改良再造路径，体现出《华西都市报》稳健转型策略。

---

① 姜丽钧. 从2014到2019：澎湃新闻的媒体融合转型小结[J]. 南方传媒研究，2019（2）：60-67.
② 北京市新闻工作者协会，梅宁华，支庭荣. 媒体融合蓝皮书：中国媒体融合发展报告（2017~2018）[M]. 北京：社会科学文献出版社，2018.
③ 熊昊. 传统媒体新闻客户端的产品创新——以封面新闻App为例[J]. 科技传播，2018，10（2）：137-139.

四、坚守再造：《南方都市报》以"大数据研究院"为驱动向智库型媒体的突围

在传统报业发展的鼎盛期，《南方都市报》曾经提出"做中国最好的报纸"，其核心竞争力在于原创内容优势，随着都市报生存危机的出现，该报提出"打造中国最具影响力的智库型媒体"的新定位，以数据产品为枢纽，探索都市报转型的新路径。

《南方都市报》做出朝智库型媒体转型的决定，既因为南方报业传媒集团已经在传媒智库建设方面进行了探索，又因为适逢国家层面倡导建设"中国特色新型智库"。2015年1月20日，中共中央办公厅、国务院办公厅印发了《关于加强中国特色新型智库建设的意见》（以下简称《意见》），《意见》提出到2020年，形成定位明晰、特色鲜明、规模适度、布局合理的中国特色新型智库体系，重点建设一批具有较大影响力和国际知名度的高端智库。作为国内主流都市报的代表，《南方都市报》的调查性报道、时评等原创内容，曾为其在学界和业界赢得口碑，但也给其带来了政策监管上的压力和挑战。融合转型中的《南方都市报》，无法像集团主报《南方日报》那样能获得政府财政和扶持资金的持续支持，只能通过进一步深化运营、强化服务能力来寻求新的收入模式。通过制定向智库型媒体转型的目标和路径，《南方都市报》更加充分意识到"媒体是国家治理体系中必不可少的一环，要想当好服务国家治理的排头兵，智库角色不可或缺"①，于是，主动向国家治理体系与治理能力现代化的参与者和推动者角色转变。

2018年2月，《南方都市报》正式成立南都大数据研究院，该研究院成为《南方都市报》全方位布局"五个南都"②的重要抓手。成立当年，南都大数据研究院开发建立了16个数据库，采集各类数据10亿条，发布了100份智库报告和评价榜单。③2018年，《南方都市报》进行新一轮内容升级时，依托南都大数据研究院生产的智库内容，集中推出了深调研版、智库报告版、主攻时局深度观察的政鉴版等一批新版面。这些版面的牵头编辑也参与到南都大数据研究院相应课题的研究中，甚至担任课题牵头人，由此，《南方都市报》报纸端的调研内容生产和南都大数据研究院智库课题研究形成了闭环，《南方都市报》以新闻生产的影响力为基础打造智库产品，又以智库产品的研究反哺新闻生产，形成良性互动，逐渐释放出智库媒体的价值。④

截至2018年年底，南都大数据研究院已在城市治理、区域经济、鉴定评测等多个领域推出50多项智库研究课题。其中，数字政府建设、营商环境深调研、广州城市治理榜、个人隐私保护、新经济企业声誉榜、中国孵化器50强榜单等课题成果初步形成了品牌效应，促进《南方都市报》在媒体服务领域从单纯的信息传播向战略研判、方案供给、价值传递等方向延伸。2018年，《南方都市报》实现5年来利润首次增长，数据业务收入占比30%，新媒体业务收入占比40%，说明其向智库型媒体转型的策略取得显著效果。报社

---

① 李广远，范以锦.智库建设给媒体转型带来的机遇与挑战[M]//南方报业传媒集团，南方传媒学院.南方传媒研究（第59辑）：传媒智库.广东：南方日报出版社，2016.
② 指"新闻南都""移动南都""产业南都""智库南都""数据南都"。
③ 尹来，蒋臻，李拉，等.南都内容生产迭代升级 朝"中国一流智库媒体"坚毅前行[EB/OL].（2019-04-11）[2019-04-11]. http://epaper.southcn.com/nfdaily/html/2019-04/11/content_7792924.htm.
④ 王卫国，汪建华.用深调研助力智库媒体转型——《南方都市报》深调研版的操作[J].南方传媒研究，2018(3)：27-32.

负责人宣称，将继续推进记者全员课题化，20%的人专职做新闻，80%的人编入各事业部，南都大数据研究院还将在原有的个人信息保护中心基础上，建设数字经济与社会发展研究院，针对"大数据杀熟""信息安全和隐私保护""数据跨境""人工智能伦理"等问题展开"基于第一手资料与数据挖掘技术"的研究。①

与国内其他都市报相比，《南方都市报》朝"智库型媒体"转型，坚持了"内容为王"的传统优势，拓展了媒体服务的价值，没有投入大量资金去运营客户端、走移动化的发展战略。《南方都市报》能够开拓出这种深耕内容的"坚守再造"路径，离不开报社的内容生产优势和从业者较强的学习能力，也较难被同行学习和复制。

结论与探讨

有学者认为，现阶段中国"媒介融合"呈现的传媒改革路径，其实体现了传统媒体在不同的时间节点借用"数字报业""报网互动""三网融合""全媒体"等概念，满足契合自身转型的现实需求。而原本"自下而上式"由市场力量发起的边缘突破式改革，恰逢"自上而下式"国家意识形态阵地向新媒体领域扩展的顶层设计，从而我国建构出与西方国家迥然不同的中国式媒介融合的框架。②这种观点的论述价值在于，分析报业融合路径选择时要充分考虑特定政治、经济、文化和社会语境的复杂影响。

具体分析本文选取的三个案例可以发现，中国都市报融合转型背后，政治、经济、文化和技术等多重因素在不同区域环境中对都市报的转型路径选择产生了不同影响。《东方早报》的彻底退出，是上海报业集团行政整合、区域结构总体调整的直接结果，体现出上海在传统纸媒转型过程中的相对强大的政府干预能力。这种变革再造路径，体现出政治因素的主导作用，也离不开上海作为直辖市的媒体管理结构因素——报业集团的管理层级相对集中，不存在省、市两级的主管部门。同时，上海强大的经济发展活力和相对充裕的财政实力，又为澎湃新闻的运营提供了足够的资金保障。这种区域政治和经济结构，与《华西都市报》和《南方都市报》所处的省会中心城市有所不同。

《华西都市报》在商业文化和技术文化并重取向的影响下，体现出相对稳健的政策干预特征，《华西都市报》做出报纸和客户端并重的改良再造路径选择，既因为四川日报报业集团有相对宽裕的资金，又因为《华西都市报》在市场化竞争中有较强的运营能力。同样是都市报的数字化转型，封面新闻对"智媒体"技术的重视和采纳，与这家媒体主要负责人的管理风格和其具有前沿思维密不可分。《南方都市报》朝"智库型媒体"发展，则是在资金投入不足、政策支持相对缺乏、新闻环境管制趋紧态势下，主动寻求角色转型、挖掘数据价值的路径探索。这种立足内容的坚守再造路径，体现出对原有专业文化的改造、对宣传文化的吸纳，也体现了商业文化驱动下都市报融合转型的一种方向。

由于不同地区都市报的转型起点和资源整合能力不同，都市报的融合转型方向和路径也有所不同。与党报在转型期呈现出的整体趋势和发展方向相似不同，都市报的融合转型

---

① 南传. 南都启动新一轮内容生产迭代升级 朝"做中国一流智库媒体"坚毅前行 [J]. 南方传媒研究，2019（2）：127-136.

② 周琼. 融合还是转型？传统纸媒的媒介创新探索及启示 [J]. 编辑之友，2017（12）：59-63.

总体上仍在探索中，呈现出本文所总结的变革再造、改良再造和坚守再造三种路径，具有更大的不确定性。值得注意的是，由于多数都市报缺乏结构性转型的能力和文化再造的意识，加之无法在转型困难时获得地方政府足够力度的财政投入，越来越多的都市报仍将面临停刊关闭、退出市场的风险。整体上看，《南方都市报》的坚守再造路径和《东方早报》的变革再造路径都很难复制，《华西都市报》的改良再造路径则是相对稳健的过渡模式。

此外，都市报融合转型也呈现出国家化、党报化的趋势，具体体现为宣传功能强化，监督功能弱化，政府传播的内容在增加，民生服务内容在减少，少数曾经形成"创造性遵从主义"生产惯习的都市报，正转变为具有"遵从主义"生产惯习的都市报。布尔迪厄认为，在他治性的知识场域中，"政治正确性"的外部规则内化为知识场域本身的规则，成为竞争的首要资本。"知识分子在与这种规则的互动中形成了一种特殊的惯习，可称为'创造性遵从主义'（creative conformism）"[①]。其中，严格而保守地遵从意识形态标准是获得"政治正确性"资本的首要前提，但在资本竞争中，简单凭借"盲从"或"效忠"策略未必能够获得优势位置，"个体要在场域中提升自己的位置仍然需要积极地介入，仍然需要高度的敏感性、创造性、智慧和战略……最具创造性的遵从主义者获得了更多的资本而享有最多的特权；被动型的遵从者默默无闻；而那些'非遵从主义者'或者创造性失误的遵从主义者，则成为场域竞争的牺牲品"[②]。中国都市报的融合转型，必然需要顺应环境、政策的变化，因此过去通过"敏感性、创造性、智慧和战略"取得成功的主流都市报，当下必须对原先的"创造性遵从主义"进行文化再造和功能调整。这些都市报，或经由彻底去报纸化转型为网络主流舆论的引导者，或经由客户端建设重新增强影响力，或通过"智库媒体"定位再出发，强化主流意识形态传播，扮演国家治理现代化的建言者角色。总体上，中国都市报的融合转型，体现出宣传文化主导下专业文化与商业文化混合的特征。

[①] 张志安. 新闻场域的历史建构及其生产惯习——以《南方都市报》为个案的研究[J]. 新闻大学，2010（4）：48-55.

[②] 斯沃茨. 文化与权力：布尔迪厄的社会学[M]. 陶东风，译. 上海：上海译文出版社，2006.

公共传播领域中大众化和专业性媒体的协同发展 *

张志安　李宜乔

　　公共领域是由公众、公共舆论、公众媒介和公众场所三个要素构成的，其中公众媒介是重要的主体之一。① 在哈贝马斯看来，公共领域处于国家和社会之间，是开放的、流动的，其与国家、社会的边界是模糊的。② 公众通过媒介获取信息，参与讨论并形成社会舆论，同时也对国家起到舆论监督的作用。莫利认为，公共领域的体制的核心是由报纸及后来大众传媒放大的交流网组成的。③ 以公众媒介为主要工具的公共传播领域，构成了公共领域的重要部分，同时发挥着促进公共对话、形成公共舆论的社会功能。

　　2019年1月25日，习近平在中央政治局第十二次集体学习时发表讲话，就全媒体时代的挑战和机遇、全面把握媒体融合发展的趋势和规律及推动媒体融合向纵深发展做出重要指示，"推动媒体融合发展，要统筹处理好传统媒体和新兴媒体、中央媒体和地方媒体、主流媒体和商业平台、大众化媒体和专业性媒体的关系"，"要形成资源集约、结构合理、差异发展、协同高效的全媒体传播体系"。④ 我们认为，要处理好这四种媒体的关系，需把握各种媒体的价值和优势，实现它们在传播功能上的互补。其中，传统媒体和新兴媒体的关系在于渠道整合，中央媒体和地方媒体的关系在于结构优化，主流媒体和商业平台的关系在于竞合态势，大众化媒体和专业性媒体的关系在于功能协同。

　　全媒体传播体系中，大众化媒体的内容定位比较宽泛和综合，大众化媒体是向一般公众提供内容的媒体，多数党报、都市报、电视台的新闻综合频道都是大众化媒体，如新华社、《人民日报》推出的融媒体产品，澎湃新闻和封面传媒等地方媒体，以及各省市政府部门创办的政务机构媒体账号如"广东发布""上海发布"等。这些大众化媒体定位相对宽泛，兼顾精英和草根，但以一般公众为主要受众群体。专业性媒体，是指向特定行业公众提供

---

* 本文首发于《新闻与写作》2019年第8期：20-25页。略改动。作者李宜乔为中山大学粤港澳发展研究院政治学专业2018级博士生、广州青年马克思主义理论人才培养重点研究基地成员。
① 哈贝马斯. 公共领域的结构转型 [M]. 曹卫东，等译. 上海：上海学林出版社，1999：35.
② 陈勤奋. 哈贝马斯的"公共领域"理论及其特点 [J]. 厦门大学学报（哲学社会科学版），2009（1）.
③ 莫利. 电视、受众与文化研究 [M]. 史安斌，译. 北京：新华出版社，2005：176.
④ 求是. 加快推动媒体融合发展 构建全媒体传播格局 [EB/OL]. （2019-03-15）[2019-03-15]. http：//cpc.people.com.cn/n1/2019/0315/c64094-30978511.html?tdsourcetag=s_pctim_aiomsg.

垂直内容的行业性媒体，比如专注财经报道的财新传媒、《中国经营报》《21世纪经济报道》，《检察日报》这样的行业报以及中央政法委创办的微信公众号"长安剑"（后改名为"中央政法委长安剑"）等，这些专业性媒体定位相对细分和精英化。以《新京报》等大众化媒体为例，其优势主要体现为对重大议题的精准把握、内容形态变化丰富、贴近年轻用户群体、有较强的舆论影响力。以财新传媒为代表的市场化专业性媒体，主要面向精英人群，注重事实和深度报道，深度财经新闻需要付费阅读。

新媒体特别是移动互联网对传播领域的结构性再造，使传播领域出现了很多新现象和新挑战，改变了公共领域中信息的传播方式。涉及公共利益的事件，大多是大众化媒体先介入报道，然后专业性媒体作解释性跟进，最后主流媒体追踪报道出事件结果。新时期的公共传播领域中，大众化媒体和专业性媒体的整体业态和主要变化有哪些？如何发挥各自优势构建全媒体传播体系，在公共传播领域中发挥互补协同的作用？本文立足新媒体环境，以媒体格局变化为背景，针对大众化媒体和专业性媒体的协同发展问题进行论述。

一、传媒公共性和大众化媒体、专业性媒体的功能互补

哈贝马斯的公共领域理论主要倡导的是民主商议，公众意见的表达是公民在公共领域进行政治参与实践的重要部分，实现了一种非正式的民主讨论。民众在公共领域自由商谈，构建了公共权力的合法性。在哈贝马斯看来，大众媒介在公共领域组成了交流信息和观点的网络，形成了"有关特定话题的公共意见"[1]。

大众媒介不仅仅是沟通政府与民众的传播渠道，也是进行公共讨论的场所，民众对各种议题发表意见，从而形成社会的公共舆论导向。[2]哈贝马斯强调，"公共领域最好被描述为一个关于内容、观点，也就是意见的交往网络，在那里，交往之流被以一种特定方式加以过滤和综合，从而成为根据特定议题集束而成的公共意见或舆论"。他认为，在公共论述的基础上可以创造"社会融合"[3]。而学者查尔斯·泰勒则跳出了哈贝马斯提出的公共领域的理性设置，他认为现代社会已深深嵌入大众传媒之中，现代公共领域是公共媒体所提供的分散讨论的无形的公共空间。[4]

中国媒体语境下的"公共传播领域"，区别于西方社会的公共领域。传媒业的根本属性之一是公共性，即追求公共利益至上，[5]传媒公共性可以进一步被定义为传媒"服务于公共利益的形成与表达的实践逻辑"，服务对象是公众，[6]具备公开性、批判性和公益性等特征。[7]实践过程中的传媒公共性，通过公众舆论的形成、聚合与扩散得以运作，具体

---

[1] 哈贝马斯. 在事实与规范之间 [M]. 童世骏，译. 北京：生活·读书·新知三联书店，2003.
[2] 卡伦. 媒体与权力 [M]. 史安斌，董关鹏，译. 北京：清华大学出版社，2006.
[3] 邓力. 传媒研究中的公共性概念辨析 [J]. 国际新闻界，2011（9）.
[4] 泰勒. 公民与国家之间的距离 [M]// 汪晖，陈燕谷. 文化与公共性. 北京：生活·读书·新知三联书店，2005：203-207.
[5] 李良荣，张华. 参与社会治理：传媒公共性的实践逻辑 [J]. 现代传播，2014（4）.
[6] 潘忠党. 传媒的公共性与中国传媒改革的再起步 [J]. 传播与社会学刊，2008（6）.
[7] 董天策. 中国语境中的网络时代与传媒公共性——《网络时代媒介公共性的建构》序 [J]. 新闻界，2015（13）.

表现为经由公众沟通，针对公共利益，进行民主参与，从而形成公共舆论，代表了公众与国家展开互动，对公共权力进行制衡，进行利益博弈，并在社会内部实现自我协调、自我调节。[①] 传媒公共性随着国家、社会、市场关系的变化而变化，我国的政治体制和传媒制度决定了大众传媒既要服务于党和政府，传播社会主流价值观，又要通过多元的报道和表达，服务于不同的受众群体。[②] 一方面，多元利益格局的社会结构变迁推动着媒介改革；另一方面，媒介技术本身的发展改变了社会权力格局，不同利益主体被赋予更多权利表达诉求，多元社会开始显现。[③]

在社会生活中，公共领域的活动是建立在事实性信息共享基础之上的，各类群体通过表述和交流自身的诉求，形成内部纽带，并展开协调性行动，制造公共物品。[④] 以记录和传播事实为基础的公共传播，在大众化媒体和专业性媒体中，可以从三方面来体现传媒公共性的使命和职责。

首先，主流媒体需要做好内容把关，确保信息的真实准确。大众化的综合性媒体为不同群体提供对复杂社会的总体理解和宏观把握信息，除了少数中央媒体，大部分大众化媒体是省、市或县级的地方报业集团，这些媒介机构提供的基于区域化的信息服务，通过公共领域传播，有效增进了不同群体的地方认同；专业性媒体则主要聚焦于对社会某个横切面的洞察和专业理解，有助于特定的社会群体认知和洞察行业。大众化媒体和专业性媒体二者协同，可以完成面向大众和特定群体的事实信息供给任务。

其次，大众化媒体和专业性媒体的公共功能体现在议题设置的不同偏向上。大众化媒体主要关注国计民生等重大问题，这些议题关系到大部分公众的切身利益；专业性媒体则主要关注行业的、专业领域的问题，满足不同群体的特定信息需求，如财经类媒体向读者提供财经知识、投资信息，或持续跟踪报道某一个行业的问题，法治类媒体则旨在帮助大众增加法律知识，提升法律素养和法治认同。二者在议题的设置上既有区别，也互为补充。以近年来由中央政法委创办的政法新媒体"长安剑"（2018年11月20日更名为"中央政法委长安剑"）为例，该账号长期发布政法领域的重大政策和独家新闻，从法治角度结合社会背景和公众心态，对时事热点进行解读和政策阐释，增强了公众的法治意识，提升了网民的法治认同。

最后，在社会功能方面，大众化媒体强调信息传播，专业性媒体侧重信息服务。总体上看，大众化媒体强调信息的时效和质量，着重于吸引大众的关注、转发或评论，以产生较大范围的社会影响为效果层面的追求；专业性媒体强调信息的价值和深度，着重于对特定行业的观念阐释和政策分析，注重从特定专业人群的需要出发，强调信息的服务性和专业性。因此，大众化媒体承载着监测环境的社会功能，专业性媒体则承担了传播知识、服务行业的社会功能。如专业财经媒体财新传媒，启动付费阅读功能，探索内容变现的运营模式。财新传媒长期专注于财经领域重大事件的深度报道，其发布的内容成为目标读者群洞悉金融业态变化、把握宏观政策走势的重要参考。

[①] 黄月琴. 公共领域的观念嬗变与大众传媒的公共性——评阿伦特、哈贝马斯与泰勒的公共领域思想[J]. 新闻传播理论, 2008（7）.
[②] 潘忠党, 等. 反思与展望: 中国传媒改革开放三十周年笔谈[J]. 传播与社会学刊, 2008（6）.
[③] 李良荣, 张华. 参与社会治理: 传媒公共性的实践逻辑[J]. 现代传播, 2014（4）.
[④] 潘忠党. 媒介化时代的公共传播和传播的公共性[J]. 新闻与传播研究, 2017（10）.

二、新媒体环境下的大众化媒体和专业性媒体的变化

随着技术的革新和传媒生态的不断变化，自媒体、机构媒体和平台媒体快速兴起，主流媒体的影响力、专业新闻工作者的职业权威都受到严峻挑战。原本由主流媒体承担的专业化信息传播，逐渐转变为泛社会化的信息传播。[①]2014 年，习近平在中央全面深化改革领导小组第四次会议中发表讲话，提出传统媒体和新兴媒体融合发展，要"坚持传统媒体和新兴媒体优势互补、一体发展，坚持先进技术为支撑、内容建设为根本，推动传统媒体和新兴媒体在内容、渠道、平台、经营、管理等方面的深度融合……"[②]。由此，加快传统媒体的融合发展和数字化转型，成为上至中央、下至地方的共识。

新媒体环境下公共传播领域在传播主体、传播结构、传播叙事等方面都出现了新变化，大众化媒体和专业性媒体的变化趋势主要体现在以下几个方面。

从传播主体的角度看，大众化媒体的创办主体本身变化不大，但普遍呈现朝移动互联网方向发展的特征，主要通过开设微博、微信、客户端账号来扩大网络影响力，其中比较有代表性的媒体有人民日报社新媒体中心、澎湃新闻客户端、"南方+"客户端、封面传媒等；专业性媒体则日益分化为主流媒体和大量小型垂直机构媒体，如专注于教育产业信息挖掘与传递行业内资讯的服务型媒体平台"芥末堆"、聚焦医学知识分享与医疗行业发展的网站"丁香园"、专注于财经资讯和行业观察报道的"布谷 TIME"和"功夫财经"等。

从传播结构的角度看，尽管《东方早报》《京华时报》等一批都市报关闭，但大众化报刊的总量没有实质性变化，而且新增了信息发布类新媒体账号，其中尤以"上海发布""广东发布"等政务微博发展最为迅猛。2018 年 12 月，国务院办公厅印发《国务院办公厅关于推进政务新媒体健康有序发展的意见》，提出要积极运用政务新媒体传播党和政府声音，做大做强正面宣传，巩固拓展主流舆论阵地。[③] 中国互联网络信息中心于 2019 年 2 月发布的《中国互联网络发展状况统计报告》显示，截至 2018 年 12 月，经过新浪平台认证的政务微博达到 138 253 个。[④] 这类政府机构账号整合了信息发布、宣传和服务的功能，针对一系列关于国计民生的问题、事故灾害、生活热点等进行权威发声，通过"互联网+政务"的模式推动了信息公开、公众参与。若论传播影响力、公信力和引导力，以政务微博、微信为代表的新型大众化媒体，既形成了数量上的规模效应，也建立了比较成熟的运营机制，成为大众化媒体的生力军。而小型垂直机构媒体主要在一些特定热点事件中发挥议程设置、舆论动员的作用，总体上的影响力和引导力相对较弱。

从叙事方式上看，受新媒体用户需求和互联网文化的影响，大众化媒体和专业性媒体

[①] 李良荣. 中国新闻学学科发展面临的挑战及重构路径 [J]. 浙江传媒学院学报，2016（6）.
[②] 新华社. 习近平主持召开中央全面深化改革领导小组第四次会议 [EB/OL].（2014-08-18）[2014-10-10]. http://www.gov.cn/xinwen/2014-08/18/content_2736451.htm.
[③] 人民网舆情研究中心 .2018 年度人民日报·政务指数微博影响力报告 [EB/OL].（2019-01-22）[2019-02-05]. http://yuqing.people.com.cn/NMediaFile/2019/0121/MAIN201901211335000329860253572.pdf.
[④] 中国互联网络信息中心. 中国互联网络发展状况统计报告 [EB/OL].（2019-02-28）[2019-02-29]. http://cnnic.cn/gywm/xwzx/rdxw/20172017_7056/201902/W020190228474508417254.pdf.

都采用了符合互联网传播语态的叙事方法,并融合多媒体叙事表现形式和轻松活泼的语言风格,以相对消费化、娱乐化、碎片化的方式来适应新媒体平台的传播特点。《人民日报》等大众化权威媒体,改变了以往相对刻板严肃的传统叙事方法,通过微博、微信、抖音等社交媒体平台探索了鲜活生动的叙事风格,大量使用口语化、亲民的语言,情感化、混合型的内容模式,以增强语言的互动性,建立与读者间更加亲密的关系。[①] 专业性媒体,总体呈现相对分化的叙事方式,传统的财经、政法等媒体,依然按照专业报道风格来进行内容生产,而绝大多数缺乏时政新闻采编资质的小型垂直机构媒体,主要生产夹叙夹议的评论性广告、专业述评和观察文章,由于存在大量标题煽情、版权争议、涉嫌洗稿、过度营销等问题,受到越来越严格的行业规制和内容监管,面临着可持续发展的不确定性和商业运营模式的不稳定性。

三、公共传播领域大众化媒体和专业性媒体的融合发展

在公共传播领域如何实现大众化媒体和专业性媒体的融合发展?依据上文对传媒公共性的探讨,媒体可以从以下三个方面来着力提升。

1. 适应移动传播、创新新闻叙事,提高对受众的吸引力和信息的传播力

移动互联时代,用户每天面对海量信息和过剩内容,主流媒体要保持在受众中的影响力不再是那么容易的事情。[②] 一项针对《中国青年报》的研究发现,[③] 传统意义上的官方媒体正在尝试将大众化风格与新闻专业理念结合起来,这种"组合"确立了《中国青年报》在商业化媒体竞争环境中的优势。时下,大众化媒体越来越善于将严肃的报道主题与流行文化相结合,利用个性化、口语化的风格输出更加贴近受众生活的内容,这样既不会减少媒体的专业性,又增加了对受众的吸引力。

近年来,新华社尝试将新的传播形式融入新闻生产中。2016年2月,新华社面向网络和手机用户推出《四个全面》说唱动漫MV,融合舞曲、说唱、合唱等多种时下流行的音乐形式,用通俗易懂的歌词解读"四个全面"的意义,同时加入了拼贴、波普等艺术手法和"快闪""弹幕"等网络流行元素;为纪念建党95周年,新华社发布微电影《红色气质》,通过30多家地方电视台、3 000多个门户网站和客户端播出。这部纪录片的素材是中国照片档案馆自1892年以来收集的历史影像资料,新华社通过3D技术还原历史瞬间,让照片中的人物和场景都"动"了起来。新华社的实践说明,无论大众化媒体或专业性媒体,都需要分析新媒体用户的特征和需求,适应移动互联网的传播规律、创新数字化作品的叙事风格,将官方声音用更吸引受众的方式讲述出来。[④]

---

① 李艳红,龙强. 新媒体语境下党媒的传播调适与"文化领导权"重建:对《人民日报》微博的研究(2012—2014)[J]. 传播与社会学刊,2017(39).
② ZHAO Y Z. China's quest for "soft power": imperatives, impediments and irreconcilable tensions? [J]. Javnost-The Public, 20(4), 17‑29.
③ WANG H Y, SPARKS C, YU H. Popular journalism in China: a study of China Youth Daily[J]. Journalism, 2018, 19, 1–17.
④ XIN X, Popularizing party journalism in China in the age of social media: the case of Xinhua News Agency[J]. Global Media and China, 2018, 3(1): 3‑17.

2. 结合自身内容生产优势，充分整合资源，有效设置议程，在公共传播新环境下实现融合发展

大众化媒体和专业性媒体，在内容原创、事实把关和基本价值导向等方面具有各自优势，可以通过专业、严肃、高质量的新闻产品，在呈现事实的基础上提供深度的解释框架。如学者喻国明所言，"互联网+"时代的新型主流媒体应该关注社会发展的关键问题，为社会主流受众提供资讯和设置议题。① 此外，在社交媒体高度发达的环境中，各种类型的网络谣言容易在短时间内发酵、散布和扩散，更需要主流媒体做好信息"把关人"的角色。

主动设置议题、及时澄清谬误，是大众化媒体和专业性媒体增强舆论影响力和引导力的两个有力抓手。以 2017 年 11 月发生在北京的"红黄蓝幼儿园"事件为例，2017 年 11 月 22 日晚，微信朋友圈、微博开始曝出红黄蓝幼儿园新天地分园出现疑似虐童事件，有传言称老师给孩子喂食白色不明药片，有的孩子身上出现针孔，有的孩子疑似遭到猥亵，微博上更是出现了"老虎团"性侵行为的爆料。首先报道这起事件的《新京报》并未提及儿童遭猥亵的相关内容，② 北京青年网、环球网、澎湃新闻等媒体进行跟踪报道，新华网设立了专题页面，同步发布最新报道、热门评论，《人民日报》评论部官方微信公众号发布了题为《虐童事件再现，"幼有所育"的底线不容击穿》的评论文章，呼吁在源头上予以整改，微信公众号"易简财经"则披露了红黄蓝教育集团融资上市和创始人的相关消息。2017 年 11 月 28 日，警方公布调查的初步结果，确定所谓的猥亵和部队参与性侵行为均为造谣。针对事件传闻引发的公众恐慌情绪，大众化媒体及时介入，快速调查，以客观的报道还原真相，起到了辟谣作用，也对舆情进行了有效疏导。

3. 既要第一时间以速度吸引流量，更要审时度势以深度来强化主流媒体的影响力

以"王凤雅事件"为例，一场网络爱心公益众筹活动演变成"网络暴力"事件，主流媒体不仅及时报道此事动态，还原事件过程，还引导社会对互联网公益进行审视和反思。河南女孩王凤雅患有视网膜母细胞瘤，因家庭无法承担巨额治疗费用，其父母通过网络平台"水滴筹"发起众筹。2018 年 5 月 24 日，微信公众号"有槽"发布文章《王凤雅小朋友之死》，称王凤雅的父母并没有将筹得的善款用于救助女儿，反而去北京给儿子治疗了唇腭裂，由此引起了极大的舆论争议。最终，王凤雅不治身亡，王凤雅父母被网友质疑"诈捐"。2018 年 5 月 24 日当天，《南方都市报》发表《女童王凤雅父母被疑网络骗捐，未就医拒退筹款！警方称不构成诈骗》一文，就"诈捐"采访了王凤雅父母、警方等不同对象；2018 年 5 月 25 日，该报发表文章《王凤雅事件背后的众筹困境：个人求助难鉴真伪，平台不负法律责任》，从警方、平台、律师、专家等不同角度对事件展开专业理性的分析；2018 年 5 月 26 日，该报又发表《五问王凤雅事件：家属否认消极治疗称已尽全力，将追究造谣者责任》一文，报道了事件细节和后续处理结果。③ 此后数月，《南方都市报》发表多篇深度报道，探究网络众筹和互联网公益平台存在的问题。2018 年 6 月 8 日，《人民日报》刊文《互联网公益成社会新风尚 网上献爱心如何更放心？》，针对部分平台存

---

① 喻国明. 打造新型主流媒体价值范式与影响力的关键——以北京广播电视总台线上直播平台"北京时间"G20 杭州峰会报道为例[J]. 新闻与写作，2016（10）.

② 郭雨祺. 突发事件网络新闻反转过程分析：以红黄蓝幼儿园事件为例[EB/OL].（2019-01-11）[2019-01-12]. http://media.people.com.cn/n1/2019/0111/c424557-30523233.html.

③ 代羽，袁婕. "王凤雅事件"引发的网络公益众筹平台公信力重构思考[J]. 南方传媒研究，2018（4）.

在的审核机制不健全、资料真实性难保障等问题,结合《中华人民共和国慈善法》,对互联网公益的发展现状进行调查,呼吁主管部门加强引导,互联网众筹平台加强自律,同时社会公众也要提升公益意识。通过中央和地方媒体的联动报道,这次网络众筹引发的争议事件,对网络众筹平台有所启示,并推进了政府部门制定弥补漏洞的有效措施。

需要强调的是,在新的公共传播领域,大众化媒体和专业性媒体的边界并非十分清晰。特别是在移动互联网的影响之下,不同群体呈现出多元需求,需要大众化媒体和专业性媒体根据媒介环境发展趋势不断调整策略。大众化媒体专业化和专业性媒体大众化,就是这种边界融合的具体体现。如《南方日报》将自身定位为"政经大报",以时评为主,聚焦宏观经济、区域政策等领域的专业化报道,同时减少国际新闻、国内新闻等综合报道,不再追求面面俱到,更加突出服务高端人群。政法类新媒体"长安剑"(2018年11月20日更名为"中央政法委长安剑")在定位于报道法治专业领域新闻的基础上,经常以法治的视角追踪解读热点时事,使自身报道的内容兼具灵活性和专业性。

总之,在公共传播领域,大众化媒体和专业性媒体具有各自功能,要面向技术前沿、面向传播规律、面向传媒格局的变迁,充分激发它们协同发展的效能,不断壮大主流媒体的影响力。

互联网内容生态变化的历程、路径与反思[*]

张志安　聂鑫

从 Web1.0 到 Web 3.0 时代，互联网媒介技术的快速升级革新深刻影响着中国网络空间中媒介形态和舆论格局，导致互联网内容生态发生显著变化。在技术主义范式下，AGC（算法生产内容）、MGC（机器生产内容）模式将机器人写作引入自动化内容生产中，同时，基于"算法推荐"的内容分发机制重塑互联网内容的传播路径，承担"数字把关人"功能。在社会建构主义范式下，技术赋权导致互联网内容生产与消费的边界逐渐模糊，用户从传播内容的被动接受者角色向主动参与社会化生产的主动参与者角色转变。新闻媒介场域中多元行动者的角色流动和杂糅构建了新新闻生态系统。[①]在互联网语境下讨论内容生态，研究者和实践者应该超越传统"职业编辑"专业化生产和体制内媒体垄断传播资源的"新制度主义"[②]范式，需要更加重视分析互联网内容生态与技术驱动、用户社会化生产以及新新闻生态系统多元行动者在多重网络空间中的互动关系。

从技术层面看，随着大数据和人工智能的应用，算法推荐已经成为移动互联网语境下内容分发的主流模式，基于用户需求的智能分发提升了互联网内容推送的可达性和精准度。但是，也有评论认为，以机器算法分发为核心的资讯平台媒体所谓"内容不知情"和"内容的非主观参与"的"他者"生产模式存在"伪中立性"，并质疑"以技术主导"的内容把关机制。[③] 2017 年 9 月，《人民日报》发表三篇评论文章，批评部分商业网站、移动新闻客户端的算法推荐模式导致"信息茧房""回音室"等负面传播效果，反映出主流媒体对新媒体内容生态的"流量焦虑"和"算法焦虑"。此后，相关商业互联网平台媒体通过加强人工审核、增加正面报道的权重等方式对算法推荐进行矫正和回应，优化内容生态。

从用户层面看，"受众注意力"和"用户生产"逐渐成为互联网内容生态中的核心资源。一方面，彭兰认为"社会化媒体是基于用户关系的内容生产与交换平台"，用户取代内容成为互联网传播的关键节点。[④] 在内容信息严重过剩的互联网传播环境下，"用户注意力"成为媒体争夺的核心要素，为传统媒体带来最大利润的价值支点已经由内容产品的品质向

---

[*] 本文首发于《新闻与写作》2018 年第 10 期：5—12 页。略改动。作者聂鑫为中山大学传播与设计学院博士生。
[①] 张志安，汤敏. 新新闻生态系统：中国新闻业的新行动者与结构重塑 [J]. 新闻与写作，2018（3）.
[②] 叶青青. 新制度主义视野下的新闻生产研究 [J]. 新闻传播，2011（12）.
[③] 朱鸿军. 伪中立性：资讯聚合平台把关机制与社会责任的考察 [J]. 南昌大学学报（社会科学版），2017（5）.
[④] 彭兰. 社会化媒体：媒介融合的深层影响力量 [J]. 江淮论坛，2015（1）.

全方位用户价值挖掘转变。① 另一方面，由于互联网传播的"施为性"和"交互性"，新闻内容生产超越了传统专业媒体机构内部的组织化过程，② 从传统主流媒体的"编辑主导"转为"编辑和受众共同参与"内容编辑和生产流程，③ 用户和受众被卷入社会化的内容生产和传播过程中。

从新新闻生态系统层面看，以专业媒体、机构媒体和自媒体构成的媒体行动者以及为上述行动者提供资讯聚合分发的平台媒体，共同组成了新新闻生态系统，④ 平台媒体成为互联网内容生态中技术驱动和用户关系的关键载体。复旦大学李良荣指出，在互联网传播格局中，随着"制播分离"新模式出现，传统新闻媒体面临沦为"内容提供商"的风险。⑤ 由此，机构媒体和专业媒体逐渐向媒体平台转型，而《人民日报》等传统主流媒体也通过建立新媒体聚合平台如"全国党媒信息公共平台""人民号"，在主流价值观纾解与优化平台聚合的过程中向互联网内容生态注入正能量。

基于上述讨论，本文将主要探讨以下问题：二十余年来中国互联网内容生态呈现出怎样的变化历程？为了缓解"流量焦虑"和"算法焦虑"，主流媒体和平台媒体都采用何种路径进行改革与创新？未来互联网内容生态如何良性发展，正能量内容传播能力如何不断提升？

一、互联网内容生态发展的历程

本文将以技术驱动下互联网媒介形态变迁为主轴，重视互联网内容生态发展的历程，并分析用户社会化生产和多元媒体行动者在其中发挥的作用。总体来看，互联网内容生态发展可分为三个阶段。

（一）门户网站时代

以新浪、搜狐、网易为代表的新闻门户网站，虽然由于缺乏原创时政新闻采编权而无法摆脱对传统媒体的内容依赖，但是网站编辑仍拥有对内容的编辑权，并且门户网站具有强大的传播优势，门户网站围绕重大事件进行全媒体传播，在互联网内容聚合和正能量价值引导方面取得了良好效果。门户网站仍可以通过"新闻策划"，对不同媒体来源的报道进行聚合、筛选和再编辑加工，同时也承担网络内容的"把关人"功能。

蔡雯分析了商业门户网站对上海世博会的新闻策划，认为新浪等网站开通"城事""2010 走读世博"等专栏，通过对海量网络内容重新组织、包装的"整合"方式，实现对新闻事件的专题报道。⑥ 也有学者指出，四大门户网站通过发展数据新闻，开辟了

---

① 喻国明. 中国传媒业 30 年：发展逻辑与现实走势 [J]. 青年记者，2008（4）.
② 龚彦方. 基于"内生比较优势"的专业化重构：当代新闻生产机制研究——来自某自媒体"虚拟编辑部"的田野调查 [J]. 现代传播，2016（12）.
③ 石长顺，肖叶飞. 媒介融合语境下新闻生产模式的创新 [J]. 当代传播，2011（1）.
④ 张志安，汤敏. 新新闻生态系统：中国新闻业的新行动者与结构重塑 [J]. 新闻与写作，2018（3）：56-65.
⑤ 李良荣，袁鸣徽. 中国新闻传媒业的新生态、新业态 [J]. 新闻大学，2017（3）.
⑥ 蔡雯. 商业网站让我们重新审视"新闻"——由世博会网络新闻专题谈起 [J]. 新闻记者，2010（8）.

一条更加适合于互联网传播和用户阅读的专业生产内容（PGC）路径。① 此外，传统研究一般认为，传统门户网站采取"告知"的内容供给逻辑，用户只是相对被动的接收者。但相关研究指出，门户网站编辑也会热衷于发掘通讯社和报社记者没有发现的而由网民提供的信息和图片，从而使新闻内容的来源不仅限于职业记者。②

（二）博客时代

从门户网站的内容编辑和传播影响看，网站编辑仍拥有对内容的掌控权和主导权，门户网站对内容的生产和传播依然是专业化生产模式，而随着博客时代的到来，社会化生产出现，草根用户成为参与网络内容生产的主体。由此，网络传播模式由"大众门户"向"个人门户"变革，③ 区别于门户网站依靠主流媒体供给内容，博客主要靠个人化、个性化的"非编辑生产"进行内容生产。④ 互联网内容生态从门户网站的"你说我听"转变为博客的"众声喧哗"，从而冲击了传统新闻媒体的单向传播体系，公共事件和政策解读向共享传播和小众解读转变。⑤ 在内容生产层面，博客与门户网站、传统媒体又形成互补和共生的格局。诸多重大公共事件发生后，往往是草根博客进行首次报道，博客社区通过博客链接将优质内容进行过滤和筛选，而记者从博客发掘有价值的新闻线索跟进深度报道与专业写作，最后博客又对记者报道进行事实验证和重新过滤。⑥ 在对社会重大事件的报道中，博客既成为新闻披露的源头，又对传统媒体的报道进行补充，在传播内容上博客与传统媒体形成相互渗透的关系。⑦ 但是，博客内容生产的个人化和自主化，也导致其缺乏由传统媒体、门户网站编辑把关的机制，⑧ 博客内容的真实性、所传递的文化价值往往只能依靠博主和博客社区自身的自律性，从而一定程度上造成互联网内容生态的鱼龙混杂。

（三）社交媒体时代

微博和微信"双微"的兴起，推动着互联网内容生态进入社交媒体时代，形成了新的专业媒体、机构媒体、自媒体和平台媒体并存的格局。⑨ 互联网内容生态呈现内容生产社会化和多元行动者逐渐加强正能量内容策划的特征。

其一，社会性媒体（social media）新闻生产从组织化向社会化变革，从而使"人人成

---

① 周善.数据新闻：网站专业生产内容(PGC)的可循之途——四大门户网站的数据新闻实践[J].编辑之友,2014(8).
② 蔡雯.商业网站让我们重新审视"新闻"——由世博会网络新闻专题谈起[J].新闻记者,2010(8):48-51.
③ 彭兰.从"大众门户"到"个人门户"——网络传播模式的关键变革[J].国际新闻界,2012(10).
④ 方兴东.博客门户和传统门户有什么不同？[EB/OL].(2005-07-02)[2017-05-11]. http://fxd.blogchina.com/78557.html.
⑤ 陈燕.新闻博客对传统媒体的正向作用[J].当代传播,2006(4).
⑥ 方兴东,等.博客与传统媒体的竞争、共生、问题和对策——以博客（blog）为代表的个人出版的传播学意义初论[J].现代传播,2004(2).
⑦ 方兴东,张笑容.大集市模式的博客传播理论研究和案例分析[J].现代传播,2006(3).
⑧ 方兴东,胡泳.媒体变革的经济学与社会学——论博客与新媒体的逻辑[J].现代传播,2003(6).
⑨ 张志安,汤敏.新新闻生态系统：中国新闻业的新行动者与结构重塑[J].新闻与写作,2018(3):56-65.

为记者"变成可能,新闻报道和内容生产由原来记者主导向公众参与的协同传播转变。[①]互联网技术对网民赋权,让"人人都有麦克风",互联网内容的话语建构方式从以调查记者、资深博主为主导的精英话语,向大众话语下沉。但是,由于网络群体极化(group polarization)、互联网信息分发过程中产生了"过滤气泡""信息茧房"等,社交媒体上网民的公共意见、意识形态存在相互区隔的现象,相较于博客时代"广场式"的众声喧哗,社交媒体时代既呈现"客厅式"或"后院式"的窃窃私语,又具有快速传播、舆论动员的"广场式"扩散效应。

网民不再满足于传统媒体单向传播的"一家之言",而是倾向于采取用户与媒体"共建事实"的方式探求"真相",不过,这也导致了网络舆情炒作、非理性表达大量存在。这一变化趋势致使主流媒体话语权威受到一定程度的消解,也使国家互联网内容治理面临新的挑战。2014年以来,国家相关部门逐步推行网络空间治理工作,"通过'净网行动''清朗行动'等推动网络空间运作的规范化、秩序化和安全化"[②],使互联网内容生态整体回归理性。同时,公众对依法保障网络表达权、参与权和监督权诉求也有越来越高的期望值。

其二,互联网多元行动者加强正能量内容策划,采取多种媒介融合形态提高内容质量,利用互联网实现用户吸纳与互动,从而构建起以主流价值为主导的互联网内容生态。

(1)专业媒体加大正能量专题的报道策划力度,并采取各种媒介融合形态提升内容质量和传播效果。例如,《局面》栏目对江歌案、小凤雅、杭州保姆纵火案等事件的关注和报道,引起社会公众对弱势群体的关注,并引发网民的大量参与和讨论。《局面》作为专业媒体的视频节目,依托《新京报》取得新闻采访权,得以对舆论焦点人物进行深度访谈,取得专业的调查报道材料,同时,其又通过腾讯视频和腾讯新闻平台向数量庞大的用户群体传送节目,展现了专业媒体在互联网语境下采取多媒介融合形态实现有价值内容的生产和传播渠道的拓展。

(2)机构媒体在重大时事政治类事件和舆情事件中提升议程设置能力。话语传播模式上,机构媒体糅合了政论模式、故事模式以及信息模式,并逐渐呈现出情感导向模式,[③]运用日常表达改变了严肃刻板的形象,从而提升了受众对主流价值内容的认受性。一项对微信号"长安剑"(2018年11月20日更名为"中央政法委长安剑")的分析认为,其文本修辞及话语结构形塑了一个"穿着便装的自己人",在议程设置上对"舆论一律"的正统宣传观念实现继承和强化。[④]也有研究认为,"上海发布"以议题和事件为节点,通过新媒体矩阵营造直接与公众沟通、互动的场域,"让政府直接走向政治沟通的前台,扮演积极的沟通者角色"[⑤]。

(3)平台媒体主动承担社会责任,通过内容策划进行正能量传播。平台媒体的内容众包和内容分发缺乏必要的人工干预,主要依赖算法,一定程度造成平台内容"偏轨"。

---

① 张志安.新闻生产的变革:从组织化向社会化——以微博如何影响调查性报道为视角的研究[J].新闻记者,2011(3).
② 李良荣,袁鸣徽.中国新闻传媒业的新生态、新业态[J].新闻大学,2017(3):1-7.
③ 张志安,章震.政务机构媒体的兴起动因与社会功能[J].新闻与写作,2018(7).
④ 束开荣.政务机构媒体的宣传话语研究——以微信公众号"长安剑"为个案[D].广州:中山大学,2017.
⑤ 张涛甫,徐亦舒.政治沟通的制度调适——基于"澎湃新闻""上海发布""上海网信办"的考量[J].中国地质大学学报(社会科学版),2018(12).

经过约谈及整改后，今日头条推出"新时代"频道提高主流内容的分发效率，喜马拉雅通过引驻人民网、"小红花党团课"等账号进行正能量主题策划，《人民日报》与哔哩哔哩进行战略合作，整体上实现主流媒体与平台媒体的融合发展，为平台媒体提供更多正能量内容。而随着抖音短视频的兴起和广泛传播，抖音中"西安"等账号吸引了大量用户，互联网形态将呈现社会化、互动化、视觉化等趋势，"以图像、视频为主的融合新闻产品逐渐占据新闻生产和传播的主体地位"[①]。

二、互联网内容生态变化的路径和特征

（一）传统主流媒体的内容改革与创新

在数字化传播语境下，《人民日报》、新华社、央视新闻等传统主流媒体在围绕重大时事政治事件进行权威报道和主流价值引导过程中，利用媒体融合形态及网络平台多维度传播手段对内容进行改革和创新。

1. 大众化、煽情化的话语色彩

以《人民日报》、新华社为代表的大众机关党媒在内容改革与转型过程中逐渐背离了保守主义的宣传范式，而是突出情感模式，直面"草根"话语关注的社会矛盾，加强了主流媒体对社会公众诉求的回应，彰显了"正义守护者"形象。一项研究发现，《人民日报》微博在对社会公众进行政治调适过程中采取了煽情主义（sensationalism）范式。还有研究分析了《新京报》旗下的微信公众号"政事儿"，认为该微信公众号呈现了"去政治化"和"个人化"叙事框架的感性政治模式，"满足受众对细节和'轶事'的情感需求，以此获得关注"[②]。在互联网内容生态下，大众机关党媒弱化说理，强化对社会公众的共情和理解，试图完成对公众民意的吸纳，重建党媒的文化领导权。

2. 内容生产的多元化、融合化

主流媒体的话语范式从以正面宣传为本位的"中心辐射式"，向多元化、众多信源交叉传递的"网状交互式"转变，[③]《人民日报》、央视新闻等传统主流媒体在"两微"平台上采取与其主报、主频道截然不同的内容报道和发布方式。[④]如人民网《人民视点》、新华网《焦点网谈》将深度报道聚焦于正能量事件的追踪报道而非局限于传统的"曝光式批评"，从而提高网络舆论对正面议题的关注。[⑤]此外，《人民日报》和新华社借助媒介融合形态，加大内容创新力度，利用网络平台实现传播过程的分众向聚众、单一向融合转变。例如，新华社推出了"新华社发布"客户端，借助新华社信息采集优势，在重大时事政治事件和突发事件的推送速度上努力超越新浪、网易等门户网站客户端，[⑥]同时，新华社推

---

① 李良荣，袁鸣徽. 中国新闻传媒业的新生态、新业态[J]. 新闻大学，2017（3）：1-7.
② 吴飞，龙强. 政治的幻象：时政新媒体的传播模式与困境[J]. 现代传播，2017（7）.
③ 王泱泱. 自媒体时代：传统主流媒体如何发声[J]. 新闻与写作，2010（9）.
④ 方可成. 社交媒体时代党媒"重夺麦克风"现象探析[J]. 新闻大学，2016（3）.
⑤ 谢敏. 主流新闻网站在舆论引导中的问题及对策[J]. 编辑之友，2014（8）.
⑥ 慎海雄. "新闻+创意"：构建主流媒体融合发展"新常态"[J]. 中国记者，2014（11）.

出"我报道"客户端,开放普通公众向新华社发送图片、视频和文字等新闻信息的渠道。[①]

(二)互联网平台媒体的内容生态改革

1. 增强了人工审核对算法的干预,对正能量的、有价值的信息基本实现"人工+算法"相结合的分发模式

互联网平台媒体自被网信办约谈以后,改变了以往主要依赖算法分发新闻的算法推荐模式,对头条要闻、重大时政新闻加强了人工审核和人工编辑分发力度。例如,今日头条进一步扩充了审核人员队伍,将6 000人的内容审核队伍扩充到10 000人,不仅重点审核关于领导人的重大时政报道,还对相关评论进行严格审核和把关。

2. 通过置顶、专题栏目以及增加推荐权重等方式增加主流媒体的内容分发频次和数量

目前,资讯平台客户端主要有三种正能量内容的分发推荐方式。首先是共性推荐,即重要报道实现全网覆盖;其次是个性推荐,为应对网络传播碎片化特征,互联网平台根据不同的报道主题,结合受众兴趣,进行更加精准化的分众传播;最后是通过弹窗推荐,实现重大报道、重要资讯内容对受众实时投放。具体做法上,今日头条、一点资讯、界面新闻和凤凰新闻等平台客户端对《人民日报》、新华社等主流媒体的文章实现了人工置顶;今日头条增设了"新时代"频道,提升权威媒体新闻的到达率和覆盖率。同时,在日常新闻报道中,权威媒体账号生产的内容被加权推荐给更多用户。

3. 通过"流量倾斜"等方式,放大正能量内容声量,讲好中国故事

平台媒体加大了正面内容的策划力度,通过流量倾斜鼓励正能量内容的创作和传播,对于正能量内容分发采取主动推荐方式,引导平台用户的信息浏览向健康、积极的方向发展。今日头条和抖音分别推出"国风"计划和"美好生活"计划,通过设置正能量视频的内容池,提升主流价值观的传播效果。其中,抖音"西安"账号的点赞量超过一亿,其在抖音海外版的视频总播放量也累计超过了1 200万次。可见,利用好微信、今日头条、抖音等具有国际影响力的平台媒体,实现正能量内容的差异化传播、精准化推送,可切实提升中国传统文化的海外传播力和影响力。

上述针对算法主导的平台媒体的内容生态改革,有效扩大了正能量内容的覆盖面。通过平台资本投入、流量倾斜和主流价值引导相结合的方式,平台媒体汇集"众人之智"实现了优质内容在平台上聚集,将自身塑造成为正能量内容生产和传播的关键节点,从而塑造良好的互联网内容生态。

三、促使内容生态良性发展的对策

(一)以技术创新进一步实现正能量传播

《人民日报》在2018年6月连发"三评"指出新媒体要在主流价值引领下利用算法

[①] 谢敏.主流新闻网站在舆论引导中的问题及对策[J].编辑之友,2014(8):57-59.

技术实现优质内容的传播。[①] 在加强人工干预的基础上，应探索算法技术的优势，利用算法推荐提高重大时政报道、主流价值观内容宣传的传播到达率和精准度，实施策略包括以下几个方面。

1. 设置正能量"内容池"，提高正能量内容推荐的权重

优质内容供应是实现正能量传播的先决条件，通过设置"内容池"，可让算法自动识别数据库中新闻媒体的正能量报道并加权推荐。具体做法上，一是建立正能量要闻池，将人工标注精品的正能量内容纳入要闻池，文章采编上适当增加权威媒体和传统主流媒体报道的内容，采取"人工标注+算法推荐"的推送形式，扩大正能量内容的覆盖面。二是建立正能量样本库，优化价值观模型。具体程序是机器学习内容将正面宣传内容纳入样本数据库，然后人工智能形成一套算法可自动识别的主流价值观模型，之后算法识别出优质内容，并进行加权推荐，增加相关内容的曝光度和到达率。三是建立正能量词频库。可对互联网内容关键词进行有效细分和筛选，逐步形成基于正能量、负能量的词频库，在此基础上算法技术对正能量内容进行更精准的抓取和识别。并且，分类打散和实体词打散等方式，可解决算法推荐主题和稿件过于集中的问题，从而避免传播窄化、"信息茧房"等负面效应。

2. 建立"人工+技术"双重审核机制，借助人工训练和"专家团"方式，提升算法信息监督和防控的力度

"人工+技术"双重审核，可以为算法加上人工可控的"刹车片"，纠正算法偏差。目前，各算法平台都加大了人工对内容的审核力度，增加了审核人员。在完善算法技术层面，"人工+技术"的具体工作程序是人工训练机器人，让其通过语义分析、关键词分析等方法建立正能量模型、社会负面模型以及反低俗模型数据库，然后算法技术对平台内容进行过滤和筛选，从而有效剔除标题党、抄袭和恶意信息。

同时，互联网平台媒体应积极采取多元共治的思维，加强外部审核和监督力度。例如，今日头条推出质量专家团项目，项目成员包括政府机构、新闻媒体、传播学界的知名专家。专家团成员对互联网内容审核拥有更多权限，在平台客户端内进行举报将被赋予更高权重，若发现内容涉嫌违法犯罪、低俗色情，问题内容能够在短时间内被优先处理。后续，负责内容质量举报、把关和评鉴的专家团，可充分考虑不同行业、不同领域的特点，进一步邀请专业人士、热心网友和意见领袖加入专家团，以使专家团发挥更大的作用。

3. 完善正能量内容推送和分发机制，提高主流媒体新闻和正能量内容的算法推荐权重

一是提高权威媒体来源的新闻的推荐权重。在算法中提高来源于传统主流媒体的内容的权重，同时，平台客户端通过邀请传统主流媒体入驻、网站导流等方式，提高用户群体对权威媒体的关注度，提升优质内容在"算法"平台上传播的到达率。二是在用户模型中对正能量内容偏好进行加权，进行分众差异化传播。平台客户端通过用户兴趣算法模型，将用户感兴趣、有阅读需求的内容进行加权，从而实现个性化分发，提高正能量内容推送的精准度。三是提升正能量内容的分发占比，对有违主流价值观的内容进行流量控制，限制负面内容、低俗内容的推荐频次。

[①] 人民日报.用主流价值纾解算法焦虑[EB/OL].（2018-06-20）[2018-06-21]. http://opinion.people.com.cn/n1/2018/0620/c1003-30067173.html.

4. 正能量内容在算法平台之间实现互补传播，在特定人群中实行定向传播，从而提高正能量信息匹配的精准度

媒体依据用户群体特征，将内容以文章、短视频等多样化形式在不同平台分发，用户大概率以自身感兴趣的方式获得内容，这就有效提高了传播效果。平台间的互补传播，可提升正能量信息的匹配效率和覆盖面。对于特定的正能量信息可实行定向传播，提高信息投放的精确度。比如，有关社会公益类正面信息的传播、有关城市自然灾害的风险信息传播，算法能够依据信息通报定位到具体城市或县区，并通过弹窗或置顶的方式将信息或预警告知用户。近年来谣言野蛮扩散，尤其是在台风、洪涝、地震等灾害发生时谣言给人们造成了不必要的恐慌，平台媒体可以建立谣言数据库，通过信息回溯等方式进行精准辟谣，为用户提供积极正面导向。

5. 借助算法推荐的效果反馈和规律发掘，可助推主流媒体进行正能量内容创新、改造和优化，提高受众对正能量信息的接受度

内容创新是正能量持续传播的关键动力，而算法技术能够在促进内容优化过程中发挥积极作用。算法可以根据用户的浏览偏好，如新闻搜索、浏览时长、访问深度等大数据，挖掘出不同用户群体的新闻需求。一方面，算法平台可以将这些大数据以报告形式反馈给官方主流媒体，从而促使主流媒体生产和编辑更加符合受众需求的新闻；另一方面，算法平台实施平台"赋能"，逐步构建健康、优质的平台传播导向，建立正面积极的"用户画像"，算法平台通过加权推荐、流量激励等方式，让更多的媒体热衷于生产正能量内容，由此形成权威媒体为主导、其他媒体账号共同参与的正能量内容生产矩阵。

（二）以社会心态调适为范式提升内容生态建设的实效

正如前文所述，互联网语境下，内容生态建设的关键点应由权威主义和宣传主义范式，转变为以受众为核心的社会心态调适范式。对舆论引导应把握"时、度、效"的科学规律，要注重媒体舆情发布的时机和时效，把握舆论控制的力度和强度，更要注重提升正能量传播的效果。具体建议有以下几点。

1. 实现政府议题、公众议题和媒体议题的一致性

社会公众对舆情事件的话语框架通常是关注事实层面的追问和道德批判，抵触官方删帖、禁评等监管手段。而政府和主流媒体的话语框架则往往停留在公众情绪疏导以及对事件后续反思层面。官方舆论场和民间舆论场的话题框架并不总是一致，以至于在互联网社交媒体上同类的舆情事件反复上演，舆论场之间的拉锯反复存在。要真正实现政府、公众与媒体三者议题的一致，网络舆论引导需要超越"事件主导"范式，上升到"问题主导"范式，[①] 将事件实然层面的争议，上升为应然层面的主流价值引导。对我国社会转型过程中存在的国家治理重大议题，需要将其置于"个人—社会—国家"的多重框架下进行议程设置，从而把握社会深层矛盾和"问题清单"，不能脱离公众与政府在具体问题上的矛盾点而空谈价值引导。

2. 要在正能量内容传播中提供认知复杂社会逻辑发展方向的解读和判断

当今，中国改革进入攻坚期和深水区，必然会涉及全局性、深层次的利益关系调整。

---

① 张志安，张美玲. 网民社会心态与舆论引导范式转型 [J]. 社会科学战线，2016（5）.

社会发展不平衡不充分容易使不同阶层群体的获得感有所差异，导致不同群体根据各自阶层的利益和社会认知对舆情事件形成片面解读。在此背景下，"大而全"的宏观叙事效果弱化，传统主流媒体不能仅限于"中或赢""稳中向好"等单一性的积极面宣传，而是要帮助公众了解社会问题产生的复杂原因，使公众能够超越简单的正反立场和道德价值判断，①从更多层次、更多角度对社会问题进行解读。在复杂认知框架下，构建互联网内容生态应注意平衡内容的红色地带和灰色地带，既要保证以《人民日报》、央视新闻为代表的红色内容为主流价值导向，也应为政务微博、自媒体以及普通网民留有对社会问题的争论和舆论监督的灰色空间。

结语

2016年2月19日，习近平总书记在党的新闻舆论工作座谈会上指出，"舆论监督和正面宣传是统一的"，新闻媒体既要做好正面宣传，又要直面社会丑恶现象，进行必要的舆论监督。②最近，公众号文章《疫苗之王》引发了社会各界对调查记者、舆论监督的再度关注。主流媒体关于高层表态、职能部门介入的正面宣传与社会公众的切实认知感受之间存在明显鸿沟，从而导致公众焦虑情绪集中爆发和对调查事实真相的渴求。有鉴于此，一方面，媒体所要建构的现实本身需要不断向好，公众对于正面宣传才不会产生疏离感；另一方面，政府和主流媒体在焦点舆情问题上不能停留在"自说自话"和依赖网络技术进行信息封锁，而是应通过与公众互动对话了解其潜在情绪和深层意见表达。

近期，各地政府部门对建立舆论监督政策进行了积极探索。山东和海南两省成立舆论监督小组，为媒体监督营造良好氛围，支持和引导媒体正确发挥舆论监督功能。③这反映了政府从"新闻宣传工作"范式向"新闻舆论工作"范式的转型，政府既要在意识形态上获得社会公众的合法性认同，也需要在具体决策工作中进行"自我纠错"。构建积极良好的互联网内容生态，既要"讲政治"，也要"接地气"，不仅需要媒体坚持正面报道为主，还应鼓励其开展必要的舆论监督。

---

① 张志安，陈希元. 舆论引导范式的三个关键词 [J]. 岭南传媒探索，2016（12）.
② 新华社. 习近平：坚持正确方向创新方法手段 提高新闻舆论传播力引导力 [EB/OL].（2016-02-19）[2017-03-11]. http：//www.xinhuanet.com/politics/2016-02/19/c_1118102868.htm.
③ 岳怀让. 海南山东，一南一北两省份吹响鼓励舆论监督的号角 [EB/OL].（2018-08-13）[2018-08-20]. http：//m.thepaper.cn/wap/resource/jsp/newsDetail_forward_2342702.

第二篇

机构媒体篇

机构媒体、随机新闻行动与新闻业的角色流动

——以"兽楼处"《疫苗之王》等四个案例为例[*]

张志安　王惠玲

一、引言

专业化传播和社会化传播并存的当下,专业媒体、机构媒体、自媒体和平台媒体四类行动者共同构成中国的新新闻生态系统。[①] 技术革新降低了公共传播的门槛,社交媒体介入让行业机构和独立个体都可以成为信息生产者。[②] 新闻生产与传播亦不再由传统的专业媒体所垄断,新闻行动者的边界日益模糊。与此同时,过去由传统媒体发起和主导的舆论监督转变为多元行动者共同参与的社交传播型舆论监督。不同新闻行动者以专业化媒体报道和社会化传播交织的方式,在当下媒体生态环境中进行着角色转换、多元节点的新闻实践,呈现了数字新闻业杂糅性、液态化的图景。

近两年,传播特定机构或行业信息的垂直机构媒体屡次凭借原创性新闻报道获得广泛关注。本文选取了四个引发舆论关注的热点事件及其报道文本(见表 2-1)作为研究对象,分别为自闭症行业媒体"大米和小米"的《16 岁自闭儿子深圳失踪,118 天后死于韶关新丰福利院》(以下简称"雷文锋事件")、教育类媒体"芥末堆"的《求职少年李文星之死》(以下简称"李文星事件")、财经类媒体"兽楼处"的《疫苗之王》(以下简称"假疫苗事件")和医疗健康类媒体"丁香医生"的《百亿保健帝国权健,和它阴影下的中国家庭》(以下简称"权健事件"),旨在分析垂直机构媒体对四起事件报道的特征,探讨该类型媒体随机新闻行动动机、过程和效果,并继而分析新媒体语境下新闻业的角色流动。选择这四个案例的原因在于它们均是由具有行业影响力的垂直机构媒体发布的新闻报道,有着相似的新闻生产策略,产生了广泛的社会反响,并推动了相关行业或领域发生重要变革,具有代表性。

---

[*] 本文首发于《新闻与写作》2019 年第 5 期:64-73 页。略改动。作者王惠玲为中山大学传播与设计学院 2018 级新闻与传播硕士研究生。

[①] 张志安,李霭莹.变迁与挑战:媒体平台化与平台媒体化——2018 中国新闻业年度观察报告 [J]. 新闻界,2019(1).

[②] 张志安.中国新闻业年度观察报告(2018)[C]. 北京:人民日报出版社,2018:6-7.

表 2-1　四个热点事件基本信息

媒体名称	大米和小米	芥末堆	兽楼处	丁香医生
媒体类型	自闭症类	教育类	财经类	医疗健康类
作者	大米和小米	天一、吉吉	兽爷	曾鼎、刘璐
报道标题	16岁自闭儿子深圳失踪，118天后死于韶关新丰福利院	求职少年李文星之死	疫苗之王	百亿保健帝国权健，和它阴影下的中国家庭
发布时间	2017.2.15	2017.8.2	2018.7.21	2018.12.25
核心事件	2016年8月至2016年12月，深圳自闭症少年雷文锋意外离家走失，被送进东莞救助站后转移到韶关新丰福利院，最终死亡。	2017年7月，大学生李文星求职时因BOSS直聘平台误入天津"蝶贝蕾"传销组织，最终死亡。	长生生物、江苏延申、深圳康泰等疫苗公司发展历程及其历年疫苗造假事件。	2015年，4岁患癌女孩周洋因服用权健药物病情恶化而死亡，以及天津权健公司虚假宣传保健食品和医疗服务事件。

二、垂直机构媒体的随机新闻行动

垂直机构媒体主要面向特定机构或特定行业的人群，发布本机构或行业的资讯。[①] 垂直机构媒体聚焦于行业信息传播，以内容创业为主要目的，以持续性商业利益为诉求，并不具备原创性新闻的采编权。然而，雷文锋事件表明，商业性质的垂直机构媒体也能够发布原创性新闻，其影响力甚至能引发舆论热潮。从报道文本来看，垂直机构媒体发布的新闻兼具传统深度调查报道特征和互联网时代叙事传播特征。

（一）报道议题与垂直机构媒体所处行业一致，且关乎公众利益

从报道议题和垂直机构媒体属性来看，垂直机构媒体发布的新闻所涉及的领域与其自身所关注的特定行业或领域相一致。对"大米和小米"而言，大众鲜少关注的自闭症少年雷文锋是其不可忽视的报道对象。自2014年创立以来，"大米和小米"从自闭症知识科普平台迅速发展成为自闭症康复领域的专业媒体平台，以自闭症儿童及其家长为主要目标受众。"芥末堆"关注大学生李文星的求职遭遇，原因在于"芥末堆"专注于传播教育行业信息，他们对"教育"领域的界定涵盖了新毕业年轻人求职这一范畴。同样，作为提供医疗健康服务的媒体平台，"丁香医生"对权健公司的保健品、火疗服务等问题的报道符合其医疗健康科普的媒体定位。虽然财经类垂直媒体"兽楼处"平常主要发布房地产相关内容，但假疫苗事件也是"兽楼处"关注的财经领域发生的事情。

垂直机构媒体多报道宏观的社会议题，诸如社会救助体系、大学生求职与传销、疫苗、保健品等，选择的选题不仅体现出自身的专业性，而且能够与公共领域社会公众的切身利益紧密关联，因而比较能够引起舆论关注。垂直机构媒体之所以有优异的挖掘新闻选题的能力，在于它们长期观察所在行业发展，对特定行业的了解远胜专业媒体，对发生在所处行业中的社会议题更加敏感。

[①] 张志安，汤敏. 新新闻生态系统：中国新闻业的新行动者与结构重塑[J]. 新闻与写作，2018（3）.

（二）采用直接信源或进行实地调查，新闻原创度较高

从报道信息来源（见表 2-2）上看，除了《疫苗之王》以外，其他三篇调查报道均涉及对新闻人物的多方采访和实地调查。"大米和小米"在采访雷文锋父亲的同时前往东莞救助站进行调查。"芥末堆"对李文星的多位亲友进行了采访，并到达事发现场（发现李文星的水坑），从多个视角还原了李文星的求职过程，而且对涉事公司开展了事实核查工作。

"丁香医生"的采访对象更为多元，包括受害人的亲友、原主治医生、律师、权健经销商等。不仅如此，"丁香医生"团队成员还参加了一场天津权健总部的招商会，实地观察权健商业模式下经销商们的狂热表现，这场招商会持续了两天一夜。根据"丁香医生"的调查手记，他们对于个体故事的判断不会只采用单一信源，而是基于当事人、医生、律师、司法判决书等多方印证，甚至对一些证据进行了公证。[1] 由于掌握诸多证据，"丁香医生"在面对权健公司的诽谤声明和律师函时，给予了强硬回应——"不会删稿，对每个字负责，欢迎来告"[2]。

尽管《疫苗之王》没有实地调查的内容，但并不影响文章的质量。作者搜集了长生生物等疫苗公司年报、国家药监局等政府部门通告以及权威媒体关于长生生物等疫苗公司的报道，以翔实可靠的文献信源支撑了文章的可信度与真实性。

由采访当事人获取直接信源，或实地调查获得一手资料，或依靠长期对特定行业的观察分析，垂直机构媒体提高了相关文章的新闻原创度和可信度。垂直机构媒体借助多种信源获取信息的目的不只是呈现客观事实，更为重要的还在于揭露表层事实背后复杂的社会问题，逼近深层真相。

表 2-2　四篇报道部分信源列表

报道文本	主要信源
《16 岁自闭儿子深圳失踪，118 天后死于韶关新丰福利院》	［受害者亲属］ 父亲雷洪建 ［涉事机构］ 东莞救助站
《求职少年李文星之死》	［受害者亲属、朋友］ 1. 高中同学丁页城 2. 同村大哥李刚毅 3. 妹妹李义月 4. 同村发小李昊阳 5. 大学同学陈栋 ［涉事机构（企业）］ 1. 北京科蓝软件系统股份有限公司 2.BOSS 直聘

---

[1] 丁香园.百亿保健帝国阴影背后：失去女儿与房子的家庭，与"喜提宝马"的权健经销商[EB/OL].（2018-12-26）[2018-12-27]. https://mp.weixin.qq.com/s?__biz=MTg0MzMwODA0MQ==&mid=2653355644&idx=1&sn=c964b6655602ff115c86797cecbaa1da&scene=21#wechat_redirect.

[2] 丁香园.丁香医生已收到权健律师函，准备走司法程序[EB/OL].（2018-12-27）[2018-12-29].https://dxy.com/column/21776.

续表

报道文本	主要信源
《疫苗之王》	[涉事机构（企业）] 长春长生生物、江苏延申、深圳康泰等疫苗公司的年报 [政府] 国家药监局等政府部门通告 [其他媒体] 权威媒体报道
《百亿保健帝国权健，和它阴影下的中国家庭》	[受害者亲属及相关人员] 1. 周洋的父亲周二力及主治医生 2. 火疗烧伤事故受害人及其律师 [政府/法院] 1. 赤峰市松山区人民法院判决书 2. 蛟河市人民法院判决书 3. 药监局和工商部门网站 [涉事机构（企业）] 1. 权健经销商 2. 权健宣传材料 3. 权健公司创始人束昱辉的传记《生命的代价》 4. 权健公司官方网站 5. 权健官方客服电话 6. 权健昱盛体系招商会现场 [其他媒体、信息渠道] 1. "反权健吧"百度贴吧 2. "权健传销揭秘"QQ群 3. 直销行业杂志《知识经济·中国直销》 4. 天眼查 5. 《新京报》和央视新闻相关报道

（三）注重个体视角的叙事，强化个人命运与社会治理的关系

从报道手法上看，垂直机构媒体发布的新闻聚焦于雷文锋、李文星、周洋等个体的偶发性事件，呈现出了自媒体的叙事风格，注重从个体视角讨论公共事件。[①]

"大米和小米"的报道以父亲雷洪建的视角叙述雷文锋的走失和寻找过程，"雷洪建忽地冒出一身冷汗""寝食难安""泣不成声"等语句描绘出了焦急悲伤的失子父亲形象。"芥末堆"借助李文星亲友的回忆，主要通过倒叙还原李文星的求职过程：即使曾经怀疑过对方的身份，李文星仍然选择前往天津应聘，急于找到工作的心理让李文星最终还是被骗入传销组织。误入传销组织之后的李文星与亲友们记忆中的李文星大不一样，从不借钱的李文星到天津之后半个月借了三次钱，人物形象的前后矛盾从侧面展现出传销组织对受害人的控制。

"丁香医生"则以周洋案例为切入点。周洋父亲为了使患癌女儿免受化疗之苦，让女儿服用权健公司的抗癌药品，中断医院治疗，不料女儿病情恶化，最终没能挽救回来。当周洋深受病痛折磨时，权健公司却在网络上大力宣传周洋因权健重获新生。周洋父亲将权

---

① 张志安，陈子亮. 自媒体的叙事特征、社会功能及公共价值[J]. 新闻与写作，2018（9）.

健告上法庭，却输了官司。周洋的微弱渺小和权健的强势庞大之间的对比突显权健公司的虚假宣传给这个家庭带来的伤害。

雷文锋走失死亡与存在漏洞的社会救助体系，李文星求职误入传销组织与盘踞天津已久的传销组织，周洋病情恶化与涉嫌虚假宣传的权健公司，个体偶发的悲剧性事件本质上是社会治理体系缺失导致的，垂直机构媒体的报道强化了个人命运与社会结构的呼应关系。同时，相较于其他从社会宏观层面对焦点舆情事件进行客观还原和整体叙事的报道，这四篇文章更强调个体层面的微叙事，关注普通公众的个体遭遇，报道文本的叙事细节、表达口吻、人物情感和个体故事都更易打动读者，容易唤起读者的怜悯之心或激发公众的愤怒情绪，促使信息被广泛转发和传播。

（四）具有明确的价值指向与问责对象，有助于形成网络舆论

垂直机构媒体在这些报道中一般都有明确的价值指向与问责对象，表现出比较鲜明的立场。报道雷文锋事件的文章的最后，"大米和小米"直接写道："东莞救助站和新丰福利院在收到孩子的3个多月里，是否存在重大渎职行为？是什么导致他们一直没有积极帮助寻找孩子父母，而导致孩子死在他乡？"文章附录的大米采访后记中，大米（姜英爽）继续追问东莞救助站："请问在这三个月里，你们为孩子做了什么该做的？如果救助站负责，是否这条生命不应该这样消失？而我觉得更值得深思的是：我们到底怎么维护自己孩子的权利？而各地救助站里，还有多少这样的孩子？"① 六个问句直指东莞救助站和新丰福利院的救助工作，从雷文锋个体事件延伸到社会救助体系。作者的"愤怒"之词实际上也是意在唤起公众情感共鸣，并试图影响公众的态度。

"芥末堆"在文章中指出，李文星事件并非个例，他代表着刚刚步入社会的大学毕业生群体，"他们往往社会阅历浅，并且急于找到一份工作在大城市生存下去，对招聘者缺乏警惕性并且不能识破骗局"②。李文星事件背后的网络招聘骗局和盘踞天津静海区多年的传销组织才是"芥末堆"真正想要反映的社会问题，目的是引起社会公众的警惕。

"丁香医生"把权健公司比作保健帝国，"在帝国的食物链里，参与者不仅搭上钱财，更有人烧伤、致残，甚至丢了性命"③，短短一句话概括出权健公司的危害性。"我们很想知道，数千万使用权健产品的人里面，有多少危重病人？权健的经销商是如何向他们推销这些保健品和食品的？""他们有没有像小周洋一家一样因相信权健公司的产品而中断了医院的正规治疗？有没有耽误了病情？"④ 与"大米和小米"类似，"丁香医生"同样以追问的方式直接质疑权健公司的产品及医疗服务的可靠性。"周洋的父亲无时无刻不在后悔""气不过的父亲把这家价值百亿的保健帝国告上法庭""痛悔终生的决定"等描写

---

① 大米和小米. 16岁自闭儿子深圳失踪，118天后死于韶关新丰福利院[EB/OL].（2017-02-15）[2018-03-06]. https：//c.m.163.com/news/a/CDACEU1Q052682N1.html?spss=newsapp&spsw=1.
② 天一，吉吉. 求职少年李文星之死[EB/OL].（2017-08-02）[2017-08-10]. https：//www.jiemodui.com/N/82675.html.
③ 曾鼎，刘璐. 百亿保健帝国权健，和它阴影下的中国家庭[EB/OL].（2018-12-25）[2018-12-25].https：//mp.weixin.qq.com/s/J5XA3K5PcOEsgs6czE0nlg.
④ 曾鼎，刘璐. 百亿保健帝国权健，和它阴影下的中国家庭[EB/OL].（2018-12-25）[2018-12-25].https：//mp.weixin.qq.com/s/J5XA3K5PcOEsgs6czE0nlg.

既表现出周洋父亲的伤痛之心，也强化了权健公司对消费者的迫害，激发公众对权健公司的指责。

"兽楼处"的文章直接指向不那么引人注目但存在利益链条的疫苗行业。兽爷分析，现有的专业财经媒体的文章的风格不符合移动互联网的传播规律，这是长生生物假疫苗新闻没有引起广泛关注的部分原因。①《疫苗之王》沿用了"兽楼处"一贯的风格——语言老练，伏笔精妙，文风谨慎。标题"疫苗之王"一语道破高俊芳、韩刚君和杜伟明三位占据中国疫苗半壁江山的企业负责人的显著地位，简洁有力又设置了悬念，吸引公众阅读。"他们生产的疫苗，每天都源源不断，注入你和你孩子的身体中。"文章开头的这一句点明长生生物等疫苗公司与普通公众的联系，提高假疫苗新闻与公众的接近性，由此引发公众的恐慌。"都是天才。生子当如防疫员。""兽爷就是租了个摊位卖煎饼的。这些数字是什么意思，我是一点都看不懂。""穷病真的是没法治的？"兽爷言语间的冷幽默在表达自嘲情绪的同时，也引导公众思考疫苗公司发展历程当中的不合理之处。

总体而言，垂直机构媒体的新闻报道有着相似的生产策略，即将个体的新闻事实置于复杂的行业状况之中，内容从讲述个人故事延伸至揭露社会问题，触及有关社会公共治理的关键议题。垂直机构媒体运用传统深度调查报道的操作方式获取信息，并以符合互联网时代传播特征的个体视角微叙事和相对情绪化的表达方式传播信息，激发公众情绪的同时动员网络舆论，进而实现网络舆论监督。

三、垂直机构媒体及其网络舆论监督方式

基于对四个舆情事件发展过程的分析，笔者发现，垂直机构媒体参与的网络舆论监督存在两种实现方式。

（一）垂直机构媒体提供首发信源后引发专业媒体跟进调查

"知微事见"上显示，2017年8月2日早晨7点，"芥末堆"发布李文星调查报道后，新浪、网易等商业网站最先转载全文。当天傍晚开始，《中国新闻周刊》、财经网等专业媒体在微博上发布天津静海警方确认2017年7月14日发现李文星尸体的新闻，《人民日报》《广州日报》等党媒也在微博上发布李文星相关消息。专业媒体的加入使得李文星事件在2017年8月2日晚开始有了热度；8月3日，大量专业媒体介入报道，报道内容集中在对招聘网站BOSS直聘的问责上，李文星事件迅速达到传播顶峰，成为全民关注的热点事件，这一天，涉事公司BOSS直聘及北京科蓝公司对事件进行了回应，天津市公安局通报针对事件展开调查；8月4日，专业媒体转移目光至传销组织"蝶贝蕾"，李文星事件继续发酵；天津市政府则在8月5日开始宣布传销整治系列活动（见图2-1）。

---

① 李在磊. 公众号"兽楼处"创始人兽爷：为了更安全地活着 [EB/OL]. （2018-12-27）[2018-12-28]. http://www.infzm.com/content/143112.

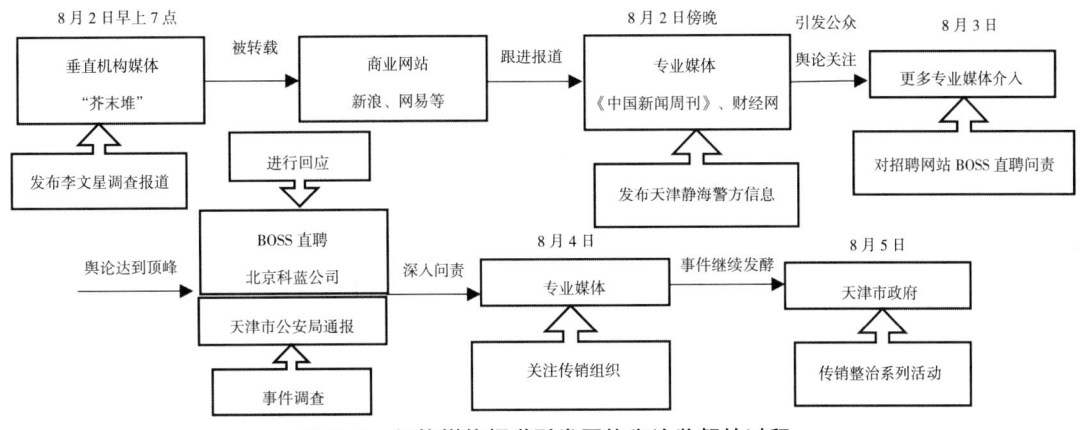

图 2-1 机构媒体报道引发网络舆论监督的过程

"芥末堆"在采访中谈到,最初是在微信朋友圈发现的李文星家属发布的消息,① 其主要采访对象为李文星亲友,而事件中涉及的 BOSS 直聘、警方、传销组织等则是专业媒体跟进报道的。"芥末堆"后期发布的事件最新进展也是转载的第一财经、《新京报》等专业媒体的报道。

尽管雷文锋事件的首发媒体是"大米和小米",但使该事件获得广泛关注的是《新京报》发布的《一个自闭症少年的死亡之路》《新丰县练溪托养中心调查》等系列报道。《新京报》完整地介绍了自闭症少年雷文锋离家走失,误入民政救助系统,最终在托养中心死亡的全过程,采访对象和消息来源更加多元,报道也更加平衡与全面,这是对最先披露雷文锋事件的"大米和小米"的报道的接力。

垂直机构媒体提供首发信源或基本事实后,专业媒体反应迅速,核实信息,参与调查,不断跟进和补充信息,这种报道接力是网络舆论监督形成的关键。

(二)垂直机构媒体发布单篇报道形成广泛舆论动员

垂直机构媒体有时并不是舆情事件的首发者,而是舆论的引爆者,长生生物假疫苗事件便是典型案例。《疫苗之王》出现的 6 天前,2018 年 7 月 15 日,诸多专业媒体,其中包括《每日经济新闻》、《新京报》、财新网、人民网等,就及时报道了国家药品监督管理局发布的通告,内容为长生生物存在狂犬病疫苗生产记录造假等问题。但从知微数据上显示的传播趋势来看,前期假疫苗事件没有引起公众的广泛关注,可见专业媒体的报道并没能产生很大的影响力。

直到 2018 年 7 月 21 日《疫苗之王》的出现引爆了舆论。兽爷发出推送后的第一个小时,《疫苗之王》的阅读量就超过了两百万。②2018 年 7 月 22 日中午,微信公众号"人民日报评论"发表文章《一查到底,方可纾解疫苗焦虑》,微信公众号"人民日报"发布《"疫苗事件"持续发酵,长生生物 25 万支劣药今何在?》,四问长生生物百日破疫苗

---

① 夏之南,邓逸凡. 超 2 000 万阅读!这家新媒体让全国关注"求职少年李文星之死"?[EB/OL].(2017-08-03)[2017-08-20]. https://mp.weixin.qq.com/s/mX2zZPX7InsVpira3g0flw.

② 李在磊. 公众号"兽楼处"创始人兽爷:为了更安全地活着[EB/OL].(2018-12-27)[2018-12-28]. http://www.infzm.com/content/143112.

旧案，追问问题疫苗的去处。该文章引发诸多媒体转载，将假疫苗事件推至新的传播高潮，而事件的传播顶峰出现在 2018 年 7 月 23 日，缘于国家主席习近平和国务院总理李克强对"吉林长春长生生物疫苗案件"做出重要指示和批示要求，国务院调查组将对疫苗行业进行彻查。①2019 年 2 月，长生生物被深交所确定实施重大违法强制退市，成为 A 股史上首只重大违法强制退市股，假疫苗事件相关责任人被严肃处理。

"兽楼处"以故事化和通俗易懂的语言向公众阐释疫苗行业的利益链，引导公众意识到假疫苗事件的严重性。垂直机构媒体的介入起到了重要的舆论动员作用。尽管专业媒体的报道的影响力小于《疫苗之王》，一定程度上存在舆论动员功能"失灵"的现象，但不可忽视的是，专业媒体，尤其是权威媒体对疫苗公司的报道是《疫苗之王》的重要信息来源，专业媒体的持续跟进和补充也起到了舆论动员作用。

权健公司涉嫌传销的新闻早已有之，然而非议不断的权健依然发展得风生水起，直到"丁香医生"团队将它推向舆论的风口浪尖。"丁香医生"和丁香园②选择首先在各自的微信公众号上发布筹划已久的关于权健的报道，紧接着在微博上转发文章，搜狐、凤凰网等商业网站随即转载全文。专业媒体澎湃新闻向权健公司求证报道后发布权健回应诽谤的新闻。第二天，2018 年 12 月 26 日，对于权健公司的诽谤声明，"丁香医生"做出"不会删稿，对每一个字负责，欢迎来告"的回应，语气之坚决强化了稿件内容的真实性。这一天，大量专业媒体参与报道，权健事件达到传播顶峰。政府部门也迅速对此事做出了回应：2018 年 12 月 26 日，国家市场监督管理总局发布《市场监管总局关于进一步加强保健食品生产经营企业电话营销行为管理的公告》；12 月 27 日，天津市政府新闻办公室官方微博"天津发布"发文称，已经成立联合调查组，进驻权健展开调查；12 月 29 日，联合调查组发现天津权健公司部分产品涉嫌夸大宣传。2019 年 1 月，权健公司束昱辉等 16 人以涉嫌组织、领导传销活动被批捕。

《百亿保健帝国权健，和它阴影下的中国家庭》《疫苗之王》的首发平台——微信作为以社交链接为核心功能的平台媒体，依托其信息流动特征、传播扩散和网络动员的功能，使信息传播产生核裂变效应。③基于社交媒体平台的互动属性，用户在获取信息的同时参与传播，从而产生互动式的传播。④公众在社交媒体上参与讨论无疑是事件发酵和舆论监督中的重要一环。微博、微信等社交型平台媒体始终发挥着信息传播平台和互动讨论平台的功能。

四、新媒体语境下新闻业的角色流动

中国新新闻生态系统是一个动态的系统，不同类型的媒体行动者之间并非完全隔离，而是存在着角色流动现象。这种角色流动，既带来新闻行动和实践逻辑的新特点，也增加

---

① 新华社. 习近平对吉林长春长生生物疫苗案件作出重要指示 [EB/OL].（2018-07-23）[2018-07-24]. http://www.gov.cn/xinwen/2018-07/23/content_5308593.htm.
② "丁香医生"是丁香园旗下的健康科普平台。
③ 张志安，姚尧. 平台媒体的类型、演进逻辑和发展趋势 [J]. 新闻与写作，2018（12）.
④ 田智辉，刘颖琪，张晓莉. 社交媒体平台的新闻传播模式 [J]. 新闻与写作，2016（11）.

了新闻业公共性表现的不确定性。

（一）垂直机构媒体作为"舆论监督者"的角色流动

在雷文锋事件等舆情事件中，垂直机构媒体既发挥了专业媒体的社会动员和舆论监督功能，又扮演了自媒体为草根发声的角色，呈现出了自媒体的叙事属性，实质上进行了从垂直机构媒体向专业媒体、自媒体的角色流动。

媒体角色流动映射了新媒体语境下舆论监督权的局部流动。传统的舆论监督曾长时间以政府和媒体为主导，媒体代表民众进行监督和批评。① 舆论监督的权力主要掌握在政府和媒体手中，公众的话语表达受到传播技术的掣肘。与之相比，互联网时代舆论监督的空间范围无限拓展、监督门槛大幅降低、监督限制不断减少。② 也有学者指出，"社交媒体时代，媒介技术的更迭催生舆论监督发生质的嬗变"③。公众无须依赖传统媒体即可发出自己的声音，舆论监督权力主体愈加弥散。

网络舆论监督具有事件性、运动式特点，舆论在短时间内快速发酵，舆论的引发者动员人们关注热点事件，其目的在于推动政府或企业做出回应与改变。舆论的引发者不再囿于传统的专业媒体，体制外媒体的介入改变了专业媒体主导舆论监督的固有格局，从政府和媒体主导回归到以公众为主体，④ 一定程度上形成自下而上监督市场权力运作的公共领域。

（二）专业新闻工作者作为"内容创业者"的角色流动

非专业媒体发布原创性新闻报道常会被质疑专业性，缘于人们对作者的新闻专业素养的质疑。然而在这些案例中，相关报道文章之所以能够产生广泛影响，与文章作者出身于传统媒体或接受过新闻教育有关，他们在选题的挖掘和报道文本的撰写等多方面均体现出了新闻工作者的专业素养。

"大米和小米"的创办者姜英爽毕业于复旦大学新闻学院，曾先后在《齐鲁晚报》、北京电视台和《南方都市报》工作。作为《南方都市报》的首位首席记者，姜英爽屡次获得南都新闻奖人物报道类金奖。她在采访中谈到，虽然离开了媒体，但并没有脱离新闻，新闻嗅觉促使她决定调查雷文锋事件。⑤ 受过传统媒体长期训练的她在垂直机构媒体的新闻报道中延续了传统媒体的操守和操作原则。《新京报》的雷文锋系列报道也有赖于姜英爽提供的新闻人物的联系方式、死亡证明及其他关键消息。姜英爽对《新京报》的采访突破起到关键性作用。

"兽楼处"的创办者兽爷，本名为张育群，2011年至2014年间担任《南方周末》经济部记者，现任界面新闻地产板块总监。国家药监局发布公告当天，兽爷便意识到假疫

---

① 李永. 新媒介语境下舆论监督本位回归：历程与方向 [J]. 现代传播（中国传媒大学学报），2018（1）.
② 顾理平. 网络时代舆论监督的嬗变 [J]. 现代传播（中国传媒大学学报），2014（9）.
③ 靖鸣，吴星星. 新时期舆论监督的新变局 [J]. 新闻与写作，2016（7）.
④ 李永. 新媒介语境下舆论监督本位回归：历程与方向 [J]. 现代传播（中国传媒大学学报），2018（1）.
⑤ 新媒体女性."他没有嘴巴，你就应该做他的嘴巴"——专访记者姜英爽 [EB/OL].（2017-03-30）[2017-04-10]. http://blog.sina.cn/dpool/blog/newblog/mblog/controllers/apparticle.php?blogid=5b09f6cd0102x8ic.

苗事件的严重性，"这件事，不应该就这么过去"①，但遗憾的是，他没有等来有影响力的媒体报道，于是决定亲自操作该选题。从 2018 年 7 月 19 日开始研究疫苗行业，7 月 20 日完成初稿，到 7 月 21 日发推送，兽爷撰写《疫苗之王》只用了不到三天的时间。在如此短的时间内，完成疫苗公司的年报分析、公司发展历程的梳理、《疫苗之王》文本的撰写等工作，彰显了兽爷的资深记者功底。

此外，"芥末堆"团队也有不少人出身于新闻专业。《求职少年李文星之死》作者天一曾任《京华时报》和腾讯科技频道记者，另一名作者吉吉来自南方的传统纸媒，曾任某日报经济部记者，两位均毕业于湖南大学新闻学专业。②

可见，多年的记者经验使得垂直机构媒体作者在新闻敏感度、资料搜集和分析能力以及写作能力等方面具备了一定的优势。离开专业媒体的他们仍然保持着关注事实、报道真相和服务社会的动力，在各自领域内以内容创业者角色进行内容生产、产品运营和企业经营，一旦触及具有公共价值又符合其行业定位的题材、事件和人物，他们就会以新闻人的专业和敏锐完成高质量和高影响力稿件的撰写和传播。

有学者指出，随着互联网在中国舆论生态的地位日益提升，许多传统媒体的资深从业者会选择加入互联网媒体，这是一种正常的新闻记者职业流动现象。③新闻人的职业转型并没有使他们丢失过往的新闻理想与新闻工作技能。新闻工作者从专业媒体流向垂直机构媒体，这一流动赋予垂直机构媒体进行原创性新闻采编工作的专业能力，使它们不再仅仅局限于行业资讯类内容的发布。同时，部分从传统媒体过来的调查记者在新平台上继续做着专业记者的工作，这也体现新闻工作者向内容创业者、公共传播者的角色转变。

五、结语

有研究者借用并延伸了齐格蒙特·鲍曼（Zygmunt Bauman）在《流动的现代性》（*liquid modernity*）一书中使用的"液态（liquid）"的概念，用"液态"的新闻业来概括当今新闻业在新传播形态下的变化特征，指出新闻的用户或曰消费者同时也是公共信息生产者，新闻生产体现为职业记者和公众共同参与的动态实践，媒介机构不再是新闻事件的唯一阐释主体。人类新闻活动亦因互联网和新兴媒体的发展已经进入了由职业与非职业新闻传播主体共同主导的时代。④身处当下语境，垂直机构媒体的随机新闻行动及其引发的网络舆论监督正在参与中国新闻业结构的变化与再造。

（一）新闻生产和真相传播的两种情境

对于商业性的垂直机构媒体而言，报道公共事件体现了垂直机构媒体的公益属性。姜英爽、兽爷、"芥末堆"团队和"丁香医生"团队在访谈中谈到，发布报道的动机在于引

---

① 李在磊. 公众号"兽楼处"创始人兽爷：为了更安全地活着 [EB/OL]. （2018-12-27）[2018-12-28]. http://www.infzm.com/content/143112.
② 夏之南，邓逸凡. 超 2 000 万阅读！这家新媒体让全国关注"求职少年李文星之死"？ [EB/OL]. （2017-08-03）[2017-08-20]. https://mp.weixin.qq.com/s/mX2zZPX7InsVpira3g0flw.
③ 白红义. 冲击与吸纳：互联网环境下的新闻常规 [J]. 现代传播（中国传媒大学学报），2013（8）.
④ 杨保军. 变迁与意味——新闻规律视野中的传播主体分析 [J]. 新闻界，2018（11）.

起社会关注、推动社会进步,垂直机构媒体具有的新闻生产和议程设置意识其实还关乎着两种情境。

其一,选题的影响范围超乎个人或行业,实为具有重大意义的社会议题。姜英爽认为,雷文锋的死亡并不是一个个体事件,而是一个必然的群体事件,背后折射出救助站和托养中心的各种问题,希望看到政策进步。① 涉嫌虚假宣传和夸大宣传的权健需要多方力量共同整治,而"丁香医生"发声的初衷则在于揭露行业现象,传递真相及正确信息。②

其二,选题未引起专业媒体关注或专业媒体报道没有引起公众重视。在两家传统媒体了解过却没有选择跟进的情况下,"芥末堆"编辑部意识到,如果没有媒体跟进,李文星事件很难引起社会关注。③ 面对专业媒体对假疫苗事件的报道影响力不够的现实情况,兽爷在微博上回应,写《疫苗之王》是希望公众意识到疫苗造假的严重性,并且共同推动有关部门解决问题。④

当选题自身的重要性与其产生的外部影响不成正比时,垂直机构媒体观察到其中的不合理性,由此激发了专业媒体和自媒体的真相传播意识。

(二)随机新闻行动对于新闻业格局和功能的影响

垂直机构媒体的随机新闻行动及其引发的网络舆论监督呈现了数字新闻业的真实变化和全新特征。多元行动者的互动融合模糊了新闻行动者的边界,这些行动者依托社会性媒体提高报道可读性、影响力。对所在行业弱势群体中发生的个案,垂直机构媒体借助对所在行业的长期观察和了解,采取相对感性化、情绪化的表达方式,对个案中涉及的重大问题直接批评、监督和问责,由此以相对"低成本"完成了过去传统媒体"高成本"的舆论监督。数字新闻业语境下,权威与业余的界限日益模糊,专业媒体的垄断优势正在被打破。⑤

传统媒体舆论监督功能衰落的同时,垂直机构媒体偶发性舆论监督在兴起,传播范围更广,传播速度更快,社会动员能力更强。技术驱动下的舆论监督主体回归趋势,意味着传统媒体时代自上而下的舆论监督已经遭遇来自体制外的结构性挑战,传统专业媒体舆论监督权力被消解的同时,舆论监督话语主体的多元化也正在重塑中国新闻业的传播业态,新的新闻行动者给舆论监督带来的嬗变也逐步推动了社会治理体系变革。倘若网络媒体能够全面且高质量地融合传统媒体的舆论监督功能,吸引到更多具有公权力的主体,那么新媒体就能在舆论监督中全面、彻底地发挥自身功能与作用。⑥

---

① 新媒体女性."他没有嘴巴,你就应该做他的嘴巴"——专访记者姜英爽[EB/OL].(2017-03-30)[2017-04-10]. http://blog.sina.cn/dpool/blog/newblog/mblog/controllers/apparticle.php?blogid=5b09f6cd0102x8ic.
② 环球人物杂志.让权健们闻风丧胆的丁香医生是如何炼成的? [EB/OL].(2018-12-30)[2019-03-09]. http://3g.163.com/gov/article/E49TM2GC051283GO.html.
③ 夏之南,邓逸凡.超2 000万阅读! 这家新媒体让全国关注"求职少年李文星之死"? [EB/OL].(2017-08-03)[2017-08-20]. https://mp.weixin.qq.com/s/mX2zZPX7InsVpira3g0flw.
④ 兽爷的回应时间为2018年7月22日,网址:https://weibo.com/1052404565/Gr98hs0p6?filter=hot&root_comment_id=0&type=comment。
⑤ 张志安.数字新闻业研究:生态、路径和范式[J].新闻与传播研究,2018(S1).
⑥ 靖鸣,王瑞.舆论监督历史演进的技术逻辑及其展望(下)——以传播技术史学为研究视角[J].新闻爱好者,2016(1).

（三）随机新闻行动背后的影响因素

随机新闻行动产生于社会环境中，自然也无法脱离社会因素的影响。中国经济经历了数十年令人瞩目的发展后，中国的现代化进程中仍然存在着诸多未解决的社会问题，转型期的社会矛盾比较复杂，由矛盾引发的焦虑和恐慌情绪弥漫在一些社会群体中。无论是大学生群体对职业发展的追求，还是父母对孩子健康的关注，都反映了当下人们普遍关心社会保障、医疗保障等问题，也体现社会公众更加向往"美好生活"的社会心态。同时，随着我国人民公民意识的日益增强，人们愈加关注自身所处环境，对周遭的社会问题更为敏感，亦更容易感到焦虑。新媒介技术则为人们缓解情绪压力、进行公共传播与舆论监督提供了便捷的渠道与平台。

尽管上述关于四起公共事件的报道为垂直机构媒体带去了不少流量，显著提高了垂直机构媒体的声誉，但是垂直机构媒体在报道这些事件过程中也面临不小的压力。一方面，垂直机构媒体可能会因此接到企业追究法律责任的声明，如"丁香医生"曾收到权健公司的律师函以及严正声明；另一方面，垂直机构媒体也可能因为触及敏感的社会议题而使其长期运营的账号面临管理风险。兽爷与其同事讨论是否介入假疫苗事件时也曾颇为犹豫，"写这种话题，后果可能很严重"[①]。但他们最终还是选择了报道。在机构利益和社会利益之间，四个垂直机构媒体选择了后者，当然，社会利益的担当和实现对其机构利益也具有增进作用。

此外，垂直机构媒体的随机新闻行动因采访资质的缺失和网络信息控制面临约束和挑战。"大米和小米"没有选择继续跟进雷文锋事件的原因在于，姜英爽发现此事过于复杂，应该由传统媒体介入，在缺乏采访资质且缺少专业媒体组织的支持和保障情况下继续报道此事件可能会招来麻烦。[②] 兽爷之所以没有选择去实地调查长生生物工厂，是因为"我们不是媒体，没有采访资质"[③]。报道存在的不平衡、无法持续跟进等问题都是因为垂直机构媒体没有采访资质。

国家对垂直机构媒体信息必然进行管理和审查，垂直机构媒体的报道和新闻舆论监督也需要符合国家互联网治理体系的管治要求。同时，国家正在不断强化和规范化移动互联网平台上的内容管理，这使得新媒体催生的新新闻业也在朝着更加合法、规范的方向发展。[④] 总而言之，随机新闻行动并非孤立存在，诸如社会、技术、文化、国家等多维度影响因素在其背后交织，这些复杂因素的影响也在很大程度上增加了垂直机构媒体及其随机新闻行动的不确定性。

[①] 李在磊.公众号"兽楼处"创始人兽爷：为了更安全地活着[EB/OL].（2018-12-27）[2018-12-28]. http://www.infzm.com/content/143112.

[②] 新媒体女性."他没有嘴巴，你就应该做他的嘴巴"——专访记者姜英爽[EB/OL].（2017-03-30）[2017-04-10]. http://blog.sina.cn/dpool/blog/newblog/mblog/controllers/apparticle.php?blogid=5b09f6cd0102x8ic.

[③] 李在磊.公众号"兽楼处"创始人兽爷：为了更安全地活着[EB/OL].（2018-12-27）[2018-12-28]. http://www.infzm.com/content/143112.

[④] 张志安，李霭莹.2017年中国新闻业年度发展报告[J].新闻界，2018（1）.

政务机构媒体的兴起动因与社会功能[*]

张志安　章震

政务微博、政务微信的兴起,带动了相关研究。有学者回顾发现,关于政务微博的研究视角多元,包括传播学、社会学、政治学、公共政策、公共管理、公共关系等,关注政务微博与行政体制改革的关系;[①]研究问题多集中在行业现状、管理运营、信息功能等方面,研究的总体质量不高;[②]"政府如何利用微博提升其形象和公信力""政务微博发展中的问题及对策""政府如何利用微博提升其政务管理能力"是潜在的重要研究领域。[③]

既有研究主要从运营策略和传播模式角度进行探讨,只有少量研究将政务微博等政务机构媒体视为新闻业的新行动者。[④]作为机构媒体(institutional media)的重要类型,政务机构媒体主要指党和国家机构所创办的网站、移动客户端(App),以及在微博、微信、今日头条等商业平台上注册的账号,包括党委机关媒、政府机关媒、群团组织的机关媒等三种主要类型。有学者认为,政务微博、政务微信的"小编"已经不折不扣地成为"中国新闻业新行动者"[⑤],由他们运营的政务微博、政务微信、政务微头条等已成为新新闻生态系统的重要组成部分,并在其中扮演着不可替代的角色。

本文试图从新闻业视角出发来探讨政务机构媒体,审视其兴起背景、内容生产、社会功能,并探讨其提升专业性和公共性的局限及可能。

一、政务机构媒体的发展现状和兴起动因

2018年年初,《人民日报》和微博联合发布的《2017政务指数·微博影响力报告》显示,截至2017年年底,经过认证的政务微博达到173 569个。[⑥]政务机构官方微博数量从2011

---

[*] 本文首发于《新闻与写作》2018年第7期:64-69页。略改动。作者章震为中山大学传播与设计学院政治传播专业博士生。
[①] 刘宁雯.中国政务微博研究文献综述[J].电子政务,2012(6).
[②] 王法硕.中国政务微博研究综述[J].电子政务,2013(9).
[③] 张志安,贾佳.中国政务微博研究报告[J].新闻记者,2011(6).
[④] 张志安,汤敏.新新闻生态系统:中国新闻业的新行动者与结构重塑[J].新闻与写作,2018(3).
[⑤] 张志安.新新闻生态系统:当下与未来[J].新闻战线,2016(7).
[⑥] 李淼.过去一年,政务微博涨粉12%[N].中国新闻出版广电报,2018-01-25(2).

年的 1 708 个①发展到 2017 年的 134 827 个，②6 年间实现了 78 倍的增长。另外，政务微信、政务微头条也迅速扩张，经过短短几年时间，政务微信公众号已经有 10 多万个，另据介绍，"截至 2017 年 10 月初，已有中国政府网、最高检、公安部以及北京发布等 65 000 家各级党政机构进驻头条号"③，平均每周发布 7 万多篇文章，政务微头条正成为政府信息发布的新平台。

政务机构媒体的蓬勃发展态势背后，究竟是哪些因素在推动？我们认为，最根本的因素是舆论场的变迁和公众需求的变化，④造成原本借助党管新闻媒体体制、⑤以大众媒体为中心的政治沟通系统出现一定程度上的传播失灵，⑥由此促使政府创办机构媒体，重塑政治传播生态，进而应对网络舆情生态以及回应社会关切。自 2012 年微博兴起以来，中国网络舆情总体呈现上升趋势，舆论场出现结构性缺陷，表现为"传统媒体在舆论场中的影响力逐渐下降，官方舆论场在重大事件中缺乏引导力，民间舆论场以微博为主导和驱动"⑦，由此，一部分网民在热点事件中掌握话语权并形成新的传播权力结构，⑧这使国家舆论引导的难度增加，给国家治理带来现实挑战。

为此，政府鼓励开办政务微博、政务微信以应对舆论场变迁和公众需求变化带来的三个突出问题：一是网络思想文化阵地需要抢占和巩固，主流思想舆论需要壮大。"过不了互联网这一关，就过不了长期执政这一关"⑨。移动互联网尤其是社交媒体深刻改变了中国舆论生态并影响政府行为，促进国家治理能力现代化和巩固政党执政合法性成为网络治理重要目标。二是官方舆论场和民间舆论场的割裂状态需要打破和融通。长期以来，官方舆论场和民间舆论场区隔状态明显，影响着政府和民众之间的交流和互动。⑩三是公众的揭露公共事件真相和要求政府信息公开的诉求应该得到尊重和回应，如重大项目实施中的基层治理问题、城市灾难事故中的公共安全问题、中产阶层的社会心态问题等，涉及这些问题的事件和话题不仅牵涉人群广，触及利益深，而且公众参与热情高，事件归因和利益诉求明确，政府急需转变理念，通过信息公开回应社会关切。

社交媒体给政府部门带来了诸多现实焦虑，这些焦虑也成为它们创建政务机构媒体的重要动力和压力。数十万个各级政府部门积极入驻微博、微信等社交媒体平台，产生了较为强大的政治影响力，对网络舆论场产生了结构性影响。同时，政务机构媒体的出现，也在缓解"两个舆论场"的割裂状态，并极大地推动了电子政务、智慧城市等政府信息

---

① 张志安，贾佳.中国政务微博研究报告 [J].新闻记者，2011（6）.
② 李淼.过去一年，政务微博涨粉 12% [N].中国新闻出版广电报，2018-01-25（2）.
③ 钛媒体.今日头条总编辑：今日头条是国内内容建设投入最大的信息平台 [EB/OL].（2017-10-23）[2017-11-20]. http：//www.tmtpost.com/2868895.html.
④ 张志安，曹艳辉.政务微博和政务微信：传承与协同 [J].新闻与写作，2014（12）.
⑤ 夏倩芳.党管媒体与改善新闻管理体制——一种政策和官方话语分析 [J].新闻与传播论，2004.
⑥ 潘祥辉.传播失灵：一种基于信息传播非理想状态的研究 [J].浙江学刊，2012（2）；张涛甫，徐亦舒.政治沟通的制度调适——基于"澎湃新闻""上海发布""上海网信办"的考量 [J].中国地质大学学报（社会科学版），2018（2）.
⑦ 张志安.报业融合发展趋势及挑战 [J].中国报业，2014（21）.
⑧ 张涛甫，徐亦舒.政治沟通的制度调适——基于"澎湃新闻""上海发布""上海网信办"的考量 [J].中国地质大学学报（社会科学版），2018（2）.
⑨ 国新网.习近平在党的新闻舆论工作座谈会上的讲话 [EB/OL].（2016-02-19）[2016-05-11]. http：//www.scio.gov.cn/ztk/dtzt/34102/34242/34250/Document/1544596/1544596.htm.
⑩ 南振中.把密切联系群众作为改进新闻报道的着力点 [J].中国记者，2003（3）.

化工作。据统计，在政府回应的 400 起社会舆情事件中，借助政务新媒体进行信息回应的占 41%，[①] 政务新媒体成为舆情响应与信息互动的主要阵地。一方面，政府部门通过政务机构媒体发布信息、提供服务，因此政务机构媒体具有报道行业动态和监测环境的功能；另一方面，政府部门在回应舆情的同时必然要涉及公共资讯的生产和传播，这促成政务微博、政务微信作为实质意义上的媒体，也客观上承担新闻业新行动者的公共责任和社会使命。

在传统新闻生态当中，政府是传统媒体的消息源。政府的信息发布受制于传统媒体新闻生产的"常规"，在舆情回应中信息传达相对滞后，也不能全面传达政府意见和态度，不足以完全达到社交媒体时代新闻发布的及时性、权威性和充分性要求。张涛甫和徐亦舒认为，"政治沟通不能再仅仅依靠传统媒体的上传下达，改革和创新政治沟通系统显得尤为必要"[②]。对政府部门而言，政务机构媒体的创建可使其适当降低对传统媒体作为传播中介的依赖，从而能更加自主、快速地发布信息，构建正面形象，适时引导舆论。如 2016 年 7 月北京大雨，微博上以"北京发布"为代表的政务机构媒体账号及时、滚动发布实时路况和交通信息，形成公共信息的传播矩阵，对阻击谣言、稳定人心有一定积极作用，当然，同时也需要面对部分公众的质疑。

因此，政务机构媒体之所以能够兴起，既因为有舆论场变迁和公众需求变化的外部倒逼压力，也因为各级政府部门有进行自主信息发布的内在动力。此外，社交媒体技术本身也给政府部门创建媒体平台提供了便利。以往政府开办网站相应技术要求和维护成本高，必须专门组织技术公司来完成网站平台搭建，并配备专门人员进行运营维护。相较而言，微博、微信的技术门槛较低，各级党政部门安排专职或兼职人员，可以快速入驻这些平台发布信息。而商业平台的助推进一步鼓励政府机构创办政务机构媒体，政府机构进驻平台，有利于这些平台增加政治资本，拉近与政府管理部门之间的距离，所以商业平台热情拥抱政务账号并提供相应便利，同时，这也推动了政务机构媒体的快速发展。

当前，创建政务机构媒体已得到各级政府部门的高度重视，国务院曾发布专门文件明确指示，"各地区各部门应积极探索利用政务微博、微信等新媒体及时发布各类权威政务信息"[③]。如今，政务机构媒体主动披露事实、及时澄清谣言，正逐渐成为政府处理突发舆情事件的常规化工具，舆情回应的信息公开制度正从中央到地方逐步落实。一项针对广东省 121 个区县级政府政务微信的研究发现，"在政治场域内，从内生性的解释变量来看，上级政府压力、府际竞争、府际学习和公众抗争指数均是影响转型社会政务微信创新扩散的主要内部因素"[④]。可见，创新、创建政务机构媒体，既受到国家政策自上而下的推动，也受到具体政府部门的职能定位、创新诉求以及风险因素的影响。

[①] 刘鹏飞. 从近年案例看舆情引导规律[J]. 新闻与写作，2017（3）.
[②] 张涛甫，徐亦舒. 政治沟通的制度调适——基于"澎湃新闻""上海发布""上海网信办"的考量[J]. 中国地质大学学报（社会科学版），2018（2）.
[③] 国务院办公厅. 国务院办公厅关于进一步加强政府信息公开回应社会关切提升政府公信力的意见（国办发〔2013〕100 号）[EB/OL].（2013-10-15）[2013-11-01]. http://www.gov.cn/zwgk/2013-10/15/content_2506664.htm.
[④] 曾丽红. 转型社会政务微信创新扩散的影响因素与机制研究——基于广东区县级政府的实证考察[D]. 广州：中山大学，2016.

二、政务机构媒体的功能、话语与生产

目前，政务机构媒体在功能发挥、话语模式、生产机制上都有相应探索和实践。首先，政务机构媒体不再如传统媒体以信息传播为主导功能，政务机构媒体有正面宣传、政务服务和网络问政等混合功能，实质上其已成为具有多元功能的政务信息服务平台；其次，政务机构媒体的话语方式，糅合政论模式、故事模式、信息模式，同时呈现出日益强化的情感模式；最后，政务机构媒体主要采取内容众包和外包形式完成生产，所传播内容素材来自各级地方政府，形成了政务新媒体矩阵的运作体系，具体表现如下。

（一）混合功能的发挥：超越信息传播，提供综合服务

政务机构媒体分别通过正面宣传、政务服务和网络问政三大功能，塑造政府形象、改善民生服务以及促进社会治理，使政府在社交媒体上获得广泛影响力，使政府和民众之间形成良性互动的关系。就民生服务而言，政府创建政务微博、政务微信，可以减少中间环节，提高办事效率。宁夏银川的政务微博矩阵做得比较有特色，政府既通过"银川发布"提供政策信息以及便民资讯，也通过"银川问政"及时回应社会关切、转办督办网民诉求，由此形成两翼联动运行机制，构建了新型的政务服务模式。[①]"银川问政"上的政府治理行为不仅促进实际问题的解决，也使政府形象在社交媒体平台上得到充分展示，相比单纯的正面信息宣传，这种方式更有利于塑造政府的正面形象。概言之，政务机构媒体不再如传统媒体以信息传播为主导功能，其实质上成了具有多元功能的政务信息服务平台。

现有政务机构媒体格局中，政务微头条、政务微信、政务微博三足鼎立，对上述三种功能有不同程度的承载和侧重：政务微头条更加强调滚动发布政务信息，政务微信突出政务服务平台的打造，政务微博则更加强调网络问政和社会治理功能的发挥。政务微博总体介于公开的政务微头条以及相对私密的政务微信之间，扮演着信息枢纽的角色。有研究认为，"政务微博具有'公'的形式与'私'的实质，成为形似公共领域和次私密领域的集合体"[②]。在具体实践中，政务微信经常对政务微博以及政务微头条上面的碎片化信息进行整合，如"长安剑"微信公众号（2018年11月20日更名为"中央政法委长安剑"）常通过文章推送为受众提供政法事件的完整概况和对其的深度解读。政务微信在政治传播中的独特价值包括，"互动方式变革推动政民沟通模式演进；私密社交属性提升政务信息传播的有效性；多元丰富内容催生感性亲民的政治表达"[③]。

（二）话语模式的杂糅：实施多元传播模式，情感化模式越发凸显

政务机构媒体的话语模式存在不同程度的杂糅现象，它糅合了政论模式、故事模式以及信息模式，并且越发呈现出日益强化的情感模式。这其中有两个值得关注的学术线索，它们彼此交织和演进，折射了当下政务机构媒体的话语实践。第一个是从政治本身来看，梅里亚姆在《政治权力》中，将政治象征分为"感性政治"和"理性政治"，吴飞等借此

[①] 复旦大学传播与国家治理研究中心.2016中国网络理政十大创新案例（六）：宁夏回族自治区银川市政务微博矩阵[EB/OL].（2017-05-17）[2017-07-10]. https://mp.weixin.qq.com/s/2-4typil_CpRC5MbWZrWEw.

[②] 尹连根，黄敏.政府官方微博：形似公共领域和次私密领域的集合体[J].国际新闻界，2016（5）.

[③] 姚玉芹，田园.试析政务微信的传播价值[J].现代传播，2015（10）.

研究两个时政新媒体"政事儿"和"侠客岛",认为两者在处理政治传播与新媒体语境的关系上,分别代表感性政治和理性政治传播模式。① 在共青团系统内部,这两种模式也得到相应体现。比如共青团中央的官方微博和微信主要通过民族主义话语进行情感动员,它在培养粉丝基础的同时,② 也将全国各民族团结在一起,有利于提高民族凝聚力和国家认同感。而广东省共青团的官方微信则主要通过说理的方式表达对社会热点事件的看法和意见,进而澄清是非,疏通社会情绪,促进问题化解。

第二个是从现代新闻或报业的起源和发展过程来看,舒德森归纳了"故事模式"和"信息模式"两类新闻。故事模式往往强调"新闻的首要任务是为读者带来满意的审美体验,帮助读者诠释自己的人生,使其融入所属的国家、城镇或阶层";而信息模式则强调"报纸的角色应该被定义为一种独特的文献形式,提供的事实不能经过修饰,纯粹用于传达'信息'"。③

观察现有政务机构媒体的实践,可以发现,它们对这些经典的政治或报业模式有不同的传承和改进。艾伦·贝尔和彼得·加勒特认为,"媒体对语言的使用实际上影响和再现了一个言语社群中人们对语言的运用和态度",并且"反映和影响着文化、政治与社会生活的构成和表达"。④ 现在,越来越多的政务机构媒体采纳这些模式进行常规化的表达,改变了以往相对刻板、严肃的形象,重新赢得了受众并对舆论场产生影响。

(三)生产机制:"把关下移"情境下的内容众包和外包

为打造多元功能、综合型的政务服务平台,政务机构媒体往往采取新媒体矩阵化、体系化运作。从这个维度上来看,政务机构媒体本身就是一个次级的新新闻生态系统,除了功能上的分担外,它们在生产机制上也有较多协作。由于政务机构媒体往往缺乏充足的编制,实际运营人员较为不足。

面对这种情况,政务机构媒体主要采取两种办法:第一个是采取项目外包的办法,将政务机构媒体的内容生产和运营交给外包公司,由它们负责政务机构媒体的日常打理和内容发布。如政务微信公众号"中国广州发布"整体由外包团队负责运营和维护,该团队成员拥有传统媒体从业经历,经过他们几年的运营和维护,"中国广州发布"已初步搭建了以政务信息、民生新闻、便民服务、互动分享四大内容为主的媒体架构。⑤

第二个是采取众包的方式进行内容生产,这些内容主要来源于各级地方政府部门,比如共青团中央充分调用共青团系统资源,让各级共青团提供稿件、参与内容生产。这种方式极大地丰富了政务机构媒体的信息内容。

政务机构媒体和传统媒体在把关机制上存在一定差异。传统媒体的把关机制较为严格,以报纸为例,最终需要报社的社长及主管部门领导签版,才能刊出当期报纸。相较而言,政务机构媒体对内容的审核和把关总体上呈现"下沉"现象,虽然政务机构媒体代表整个

---

① 吴飞,龙强. 政治的幻象:时政新媒体的传播模式与困境[J]. 现代传播,2017(7).
② GUO S H. "Occupying" the internet: state media and the reinvention of official culture online[J]. Communication and the Public,2018,3(1):19-33.
③ 舒德森. 发掘新闻:美国报业的社会史[M]. 陈昌凤,常江,译. 北京:北京大学出版社,2009:78-79.
④ 贝尔,加勒特. 媒介话语的进路[M]. 北京:中国人民大学出版社,2015:3.
⑤ 李洁茹. 网络政务在城市治理中的功能[J]. 中国社会科学报,2018(6).

机构发布内容，但实际上内容发布多数由负责新媒体的部门领导直接说了算，他们对政务机构媒体的内容生产和传播产生直接影响。政务机构媒体的运营人员既包括体制内的公务员群体，也包括体制外的从业人员，前者的职业意识与专职新闻工作者存在较大差异，后者缺乏体制保障，这导致政务机构媒体的运营缺乏人才保障和长效维护机制。

三、政务机构媒体的专业性和公共性表现

"新闻关乎一个社会如何发掘、组织和传播与公众利益相关的资讯，是永恒存在的重要问题"，政务机构媒体的出现，为解答这个问题提供了新的途径。它既蕴含了作为中国新闻业新行动者的专业性可能，也暴露了公共性的局限和短板：一方面，政务机构媒体摆脱了对传统媒体这个"传播中介"的依赖，能够更为自主地向公众直接传播公共信息，政务机构媒体在新新闻生态系统中产生了重要影响；另一方面，由政务机构媒体主导的公共资讯生产和传播往往具有非常态、不确定性以及条件性等特征。

首先，政务机构媒体作为新的新闻行动者，把政务信息更主动地掌控在自己手中，而非将这些信息直接发到新闻媒体这个中介平台上。因此，政务机构媒体客观上吸引了更多用户，加速了传统专业媒体的衰落。

我们从传统媒体和政务机构媒体此消彼长的受众规模中也能看出端倪，近几年，除了少数专业媒体外，传统媒体的受众人数正在大幅下降。而政务机构媒体的粉丝数却在快速增长，截至 2017 年年底，政务微博总粉丝量达到 24.6 亿，较 2016 年增长了 12%。[①] 政务微信和政务微头条订阅数也在不断攀升，政务微头条推荐人次超过 24 亿，[②] 越来越多的普通民众通过官方渠道获取信息。这也说明，政务机构媒体对传统媒体的部分功能有所替代，进而影响和改变了传统媒体公共传播的中心地位。

其次，政务机构媒体既具有传统新闻媒体的信息传播功能，又需要更多坚持宣传为本的价值观和意识形态，尤其牵涉所在政府部门利益时，一些政府部门较难坚持公共传播的立场。如笔者曾对"北京昌平区女法官被枪杀"报道个案中涉及的政务机构媒体、自媒体和专业媒体的互动机制和传播过程展开分析。研究发现，在财新网等专业媒体报道受阻后，法官和律师群体迅即通过自媒体进行评论和舆论动员，最终最高人民法院及时研判舆情，并通过官方微博公布事件真相，打开报道闸口。在这一事件中政务机构媒体发挥了"信息突围"的关键作用。[③] 但这种"信息突围"行动是情境式的，难以形成累积性的影响，其"生产常规"的建立面临不确定性。比如在"深圳鹦鹉案"报道中，×省的检察院考虑到省委宣传部的意见，就没有采纳最高人民检察院的建议予以回应，错失了向公众澄清该案中法理事实的机会。[④] 因此，在国家分化和属地化管理政策的影响下，[⑤] 不同层级的

[①] 李淼. 过去一年，政务微博涨粉 12%[N]. 中国新闻出版广电报，2018-01-25（2）.
[②] 钛媒体. 今日头条总编辑：今日头条是国内内容建设投入最大的信息平台 [EB/OL].（2017-10-23）[2017-11-20]. http://www.tmtpost.com/2868895.html.
[③] 参考张志安的《从机关报到机关媒：新新闻生态系统和话语权重构》。该文是 2017 年作者在香港中文大学新闻传播学院举办的第十届传播学访问学者计划工作坊上发表的主题报告。
[④] 受访者 AX，×省检察系统工作人员，访谈时间：2018 年 4 月 15 日。
[⑤] 夏倩芳，袁光锋. "国家"的分化、控制网络与冲突性议题传播的机会结构 [J]. 开放时代，2014（1）.

政务机构媒体既拥有议题传播的特定政治机会结构，又受到相关管理上的掣肘，它们往往会结合部门利益、传播风险评估、预期效果等建构突生规范（emergent norm），做出临场发挥，从这个意义上而言，政务机构媒体属于情境中的行动者。

最后，政务机构媒体对传播调适具有一定的意义，但仍然有诸多局限，比如从业者的非专职、非职业化，考核和评估体系的不完善，参差不齐的整体规模和难以持续发展的保障机制等。

曾经长期运营"中国广州发布"的李洁茹归纳了政务机构媒体运营存在的 9 个行业性问题，分别是有平台无运营、有账号无监管、协同机制缺乏、技术落后、信息发现滞后、照搬政府公文、信源选择单一、信息发布单一、同质化等。她认为，政务机构媒体不具备成为媒体的条件，难以组建专业的媒体团队，平台定位与新闻属性相违背。因此，相较于强调政务机构媒体的媒体属性，李洁茹更愿意强调它的"保姆"属性，这种保姆功能及其应用场景具体体现为：人民群众需要的时候，能够马上来解决问题，帮助人民群众获取正确权威的信息，是一个真正"用完即走"的平台。[①]

作为媒体的政务机构媒体，在专业性和公共性表现方面仍有诸多局限。其不仅面临外部权力环境的掣肘，也在内部的生产和运营机制上缺乏足够可靠的保障，其媒体内涵的实质、公共性发挥的可能空间以及其在新新闻生态系统中的行动者角色这些问题亟须更为深入的实证研究和理论阐释。

---

① 李洁茹. 网络政务在城市治理中的功能 [J]. 中国社会科学报，2018（6）.

第三篇

平台媒体篇

平台媒体的类型、演进逻辑和发展趋势[*]

张志安　姚尧

近年来，随着社会化传播的兴起，中国新闻业正经历着深刻变革，绝大多数传统主流媒体面临影响力衰落的挑战，而微博、微信等社交平台和今日头条等智能分发型终端则强势崛起，中国的新闻业生态结构被整体重塑。[①]专业媒体、机构媒体和自媒体构成的媒体行动者以及为上述行动者提供资讯聚合分发的平台媒体，共同组成了新新闻生态系统，由此，一个由新闻业、公共新闻业和公共传播业共同组成的传播业态逐渐明晰。[②]其中，平台媒体是互联网内容生态中技术驱动和用户关系的关键载体。[③]中国互联网络信息中心（CNNIC）发布的《2016年中国互联网新闻市场研究报告》显示，社交平台成为新闻传播及素材搜集的重要渠道，"算法推荐"成为网络新闻的主要分发方式。[④]同年，易观发布的《中国移动资讯信息分发市场 专题研究报告2016》指出，在国内的资讯信息分发市场上，算法推送的内容已经超过了50%。[⑤]

美国皮尤调查中心（Pew Research Center）2018年9月发布的《2018美国社交媒体新闻调查报告》显示，约有三分之二（68%）的美国成年人通过社交媒体获取新闻，作为社交平台的Facebook自2017年以来连续两年成为美国人最常使用的新闻网站，超过四成的美国人在Facebook上获取新闻，排在第二位的是YouTube，有21%的美国人通过YouTube获取新闻。报告还指出，Reddit、Twitter和Facebook三个平台的用户新闻消费比例最高。这些社交媒体的排名主要取决于两个因素：其总体受欢迎程度，以及人们在社交媒体上看到的新闻的广度。

本文以平台媒体为研究对象，对不同类型的平台媒体的功能侧重进行分析，并从历史维度探讨平台媒体演进的深层逻辑，试图把握平台媒体的发展趋势。

---

[*] 本文首发于《新闻与写作》2018年第12期：74-80页。略改动。作者姚尧为中山大学传播与设计学院2018级新闻传播学硕士研究生。
[①] 张志安，汤敏. 新新闻生态系统：中国新闻业的新行动者与结构重塑[J]. 新闻与写作，2018（3）.
[②] 张志安. 新新闻生态系统：当下与未来[J]. 新闻战线，2016（7）.
[③] 张志安，聂鑫. 互联网内容生态变化：历程、路径与反思[J]. 新闻与写作，2018（10）.
[④] 中国互联网络信息中心. 2016年中国互联网新闻市场研究报告[EB/OL]. （2017-01-12）[2019-02-05]. http://www.cnnic.net.cn/hlwfzyj/hlwxzbg/mtbg/201701/P020170112309068736023.pdf.
[⑤] 易观. 中国移动资讯信息分发市场 专题研究报告2016[EB/OL]. （2016-08-12）[2018-03-11]. https://www.analysys.cn/article/analysis/detail/1000218.

一、平台媒体的内涵和外延

2014年2月7日,美国社交网站Sulia的CEO乔森纳·格里克(Jonathan Glick)在科技投资新闻资讯网ReCode上发表了一篇题为《平台媒体的崛起》(*Rise of the Platishers*)的文章,首次提出Platisher(平台媒体)的概念。在当时,格里克已敏锐地感知到了一种处于平台(platform)和出版商(publisher)的交集之中、兼具两者特性的新兴的互联网平台的出现,并将这种互联网平台命名为Platisher,强调其内容和技术的混合属性。格里克认为,平台媒体是一个能同时满足用户和广告商快速生产内容,并且具有综合信息处理、差异化的品牌推广和提供独家内容等"编辑基因"的互联网平台。①

虽然格里克第一个提出平台媒体的概念,但杰罗姆的定义产生了广泛影响:"平台型媒体是指既拥有媒体的专业编辑权威性,又拥有面向用户平台所特有开放性的数字内容实体。"也就是说,平台媒体的主要特点是其不单靠自己的力量做内容生产和传播,还要打造一个良性的平台,平台上有各种规则、服务和平衡的力量,并且向所有的内容提供者、服务提供者开放,无论是大机构还是个人,都能在平台上尽情展现各自的独到价值。②较之于Platisher一词,西方学者在学术论文中更倾向使用media platform(媒介平台)、platform press(成为出版商的技术平台)和digital intermediaries(数字中介)等概念来指代平台媒体。③

如果说Platisher只是对平台(platform)与媒体(publisher)互相融合现象的大致定性描述,那么,随着平台媒体的不断进化,其内涵和外延也在拓展。平台媒体进入国内学者的视线之初,被看作"互联网+"时代媒体转型发展的一个主流模式,④一种新型的融媒体。⑤有人认为,平台媒体是基于平台战略而形成的在线的自组织社会信息传播系统,⑥也有学者认为,平台媒体是遵照自组织逻辑而演化发展的一种自组织媒介系统。⑦还有研究者建议,要从两个层面上理解"平台媒体":一是这种媒体是供人们传播、交流公共信息及其他信息,并进行互动的平台;二是它在一个更大的互联网生态系统中存在。⑧

虽然国内学者对何为平台媒体众说纷纭,但就其定义的基本意涵,学者们的观点是一致的。我们认为,平台媒体就是其本身作为网络化社会枢纽而连接起了各种节点之间的关系链条,进而编织出了巨型传播网络,与依托其上建立的数量庞大的自媒体、专业媒体、机构媒体构成实时在线、滚动更新、即刻分发的新闻生产与信息流通体系的巨型互联网产品。⑨平台媒体靠技术创新、资本驱动和海量用户构建起强大影响力,"内容的社会化生产"和"基于社交链接的用户黏性"是平台媒体的最大特点。具体而言,国外的Flipboard、

---

① GLICK J. Rise of the Platishers [EB/OL].(2014-02-07)[2016-10-21]. http://www.recode.net/2014/2/7/11623214/rise-of-the-platishers.
② 喻国明,焦建."平台型媒体"的缘起、理论与操作关键[J].中国人民大学学报,2015(6).
③ 白红义.重构传播的权力:平台新闻业的崛起、挑战与反思[J].南京社会科学,2018(2).
④ 喻国明,焦建."平台型媒体"的缘起、理论与操作关键[J].中国人民大学学报,2015(6).
⑤ 焦洁.平台型媒体:一种新型的融媒体[J].西部学刊,2015(1).
⑥ 吕尚彬,戴山山."互联网+"时代的平台战略与平台媒体构建[J].山东社会科学,2016(4).
⑦ 权玺.平台媒体:构建平台化的自组织在线社会信息传播系统[J].当代传播,2017(6).
⑧ 宋建武.未来媒体将是平台型媒体[N].光明日报,2016-11-05(6).
⑨ 张志安,汤敏.新新闻生态系统:中国新闻业的新行动者与结构重塑[J].新闻与写作,2018(3).

Medium、Buzzfeed、Twitter、Facebook 和国内的今日头条、一点资讯、天天快报、微博、微信都是本文所指的平台媒体。

二、平台媒体的主要类型

有研究者根据平台媒体聚合的媒介内容种类的多寡，将其分为综合性平台媒体和单一性平台媒体，把聚合媒介内容的今日头条、YouTube 等定义为单一性平台媒体，将百度、微信等既聚合媒介内容又聚合各种应用的平台媒体定义为综合性平台媒体。① 我们则根据平台媒体的属性将其分为两类：一类是资讯定制类平台媒体，其特征是能够提供满足用户个性化需求的"千人千面"信息，② 如今日头条、一点资讯、天天快报等；另一类是以"社交链接"见长的网络社交类平台媒体，如微博、微信等。

（一）资讯定制类平台媒体

资讯定制类平台媒体的首要功能就是提供高度差异化、个性化、定制化的信息服务。此类平台媒体通过技术手段，整合互联网中庞大的新闻资讯，并通过智能算法对用户使用习惯、社交关系等信息进行挖掘和分析，进而为用户推荐其可能感兴趣的新闻内容，满足用户的个性化需求。

根据艾媒咨询发布的《2018 上半年中国 App 排行榜》，在资讯定制类 App 榜单中，今日头条以"六月月活人数"2.42 亿排名第二，排名第一的是腾讯新闻，与今日头条内容分发机制相同的其他资讯定制类平台媒体也都进入了前十，其中天天快报以 3 715 万的"六月月活人数"排名第七，一点资讯位列第八。③

资讯定制类平台媒体将专业媒体、机构媒体和自媒体的内容源源不断地提供给用户，其已经成为网络化社会连接信息与用户的枢纽。目前，经历了初期无视版权问题对全网内容进行聚合、分发的阶段后，资讯定制类平台媒体主要通过版权购买和流量置换展开媒体合作，以达到信息聚合的目的。合作媒体主要包括中央媒体、地方媒体、门户网站、行业网站等，内容上覆盖了财经、政治、军事、文化、科技、汽车、游戏等诸多领域，在为受众提供海量信息的同时，充分满足了他们长尾阅读的需求。④

此外，自媒体也是资讯定制类平台媒体的主要内容来源，且大多资讯定制类平台媒体都通过在平台内创设自媒体频道，进行 PUGC 模式的内容生产。如今日头条的"头条号"、天天快报的"企鹅号"和一点资讯的"一点号"都通过吸引内容创业者与传统媒体入驻，来增加专业性、原创性较强的内容的生产，今日头条还通过"千人万元"计划，扶植优质内容生产者，进一步提升平台生产内容的能力，实现内容的多样化和专业化。

通过智能算法实现精准推荐也是资讯定制类平台媒体的主要功能。目前，算法推荐主

---

① 许同文. 媒体平台与平台型媒体：移动互联网时代媒体转型的进路 [J]. 新闻界，2015（13）.
② 方师师. 双强寡头平台新闻推荐算法机制研究 [J]. 传播与社会学刊，2018（1）.
③ 艾媒咨询. 艾媒榜单 | 2018 上半年中国 App 排行榜 [EB/OL].（2018-07-12）[2018-08-11]. http：//www.iimedia.cn/61814.html.
④ 徐北春. 聚合新闻客户端传播的五大变革——以"一点资讯"和"今日头条"为例 [J]. 传媒，2017（5）.

要有三种类型：协同过滤推荐、基于内容的推荐和关联规则推荐，[①] 算法系统经过不断迭代后，现在基于内容的推荐和协同过滤推荐组合而成的推荐系统最为常见。以今日头条为例，其算法推荐系统主要输入内容维度、用户维度以及场景维度的变量。该系统的核心逻辑就是实现内容、用户与场景的匹配，以满足用户的个性化信息需求。[②] 今日头条长时间为人所诟病的"信息茧房"效应产生的原因，是今日头条过去的用户兴趣算法只采用基于内容的文本推荐算法，主要指向用户的过去，根据过去的用户习惯来判断用户的阅读习惯。一点资讯与今日头条不同，一点资讯更推崇面向未来时间的推荐，而不是仅仅依据用户以前的浏览习惯，一点资讯以用户的搜索动作为主要依据，认定"用户的主动搜索关键词是用户寻求的关联资讯入口"[③]。

资讯定制类平台媒体基本打通了信息传播流程中的所有环节，不仅确保了信息的丰富性，而且实现了信息的价值，充分彰显了在技术驱动下打造全产业链的强大优势。此外，资讯定制类平台媒体以"信息价值"为出发点，充分发挥和利用自身平台优势，将其他媒介视为传播手段，使得所有媒介都成为其可用的信息源。内容生产平台与发布平台的深度融合，实现了新闻信息与信息渠道的双重聚合。

（二）网络社交类平台媒体

以微信、微博为代表的网络社交类平台媒体，最主要的功能是社交链接，在社会关系建立与维护方面扮演着重要角色。交互性是此类平台媒体的显著特征，也是吸引用户使用的主要原因。微信采取实名认证，微信好友的来源主要有手机通讯录、QQ好友和陌生人等。微信作为一款应用于个人社交场景的平台媒体，天然属于强关系链产品，主要用于熟人聊天，但也可以构建弱关系链，即陌生人交友。

与微信所形成的较为对称的人际关系相比，微博和抖音通过添加"关注"所建立的关系就是一种不对称的人际关系。虽然此种社交关系薄弱，但极其容易将人际关系从熟人圈子拓展到陌生人，从而使个人社交范围大大扩大。总体上看，松散的社交关系使微博和抖音具备了一对多的大规模群体交流的能力。

网络社交类平台媒体的信息传播侧重"即时化"的传播，信息的生产、发布、转载和反馈几乎是零时间或趋向零时间。[④] 微博和微信朋友圈中，当一条信息受到关注或一条评论受到追捧时，这种信息流动模式就会产生核分裂效应。信息通过信息源的即时传播及大规模关注者的即时再传播，就有可能实现即时扩散。

三、平台媒体的演变轨迹

自1994年中国接入互联网以来，中国互联网经历了三次浪潮，数字媒体产业也已走

---

① 喻国明，韩婷. 算法型信息分发：技术原理、机制创新与未来发展[J]. 新闻爱好者，2018（4）.
② 人民网. 今日头条公开算法原理本质[EB/OL].（2018-01-12）[2018-02-11]. http://it.people.com.cn/n1/2018/0112/c196085-29762253.html.
③ 韩立勇. 资讯客户端：从个性化阅读到私人定制[J]. 中国报业，2016（17）.
④ 方兴东，张静，等. 即时网络时代的传播机制与网络治理[J]. 现代传播（中国传媒大学学报），2011（5）.

过了门户网站时代和博客时代，经历着从社交媒体时代向"赛格博时代"的转向（见表 3-1）。①

表 3-1 中国互联网数字媒体演变轨迹

	时间	媒体发展特点	主要媒体形态	
Web 1.0	1994—2001	奠定网络媒体地位	门户网站	信息处理时代
Web 2.0	2001—2009	造就自媒体形态	博客、BBS	
Web 3.0	2009—2016	社会化媒体和媒体社会化	社交媒体	
Web 4.0	2016 至今	人机协同	人工智能媒体	智能物联时代

新浪、搜狐、网易三大门户网站的创建标志着中国互联网第一次浪潮的来临。从 1997 年开始，以人民网为代表的门户网站开始逐渐创立并发展，新浪、网易、新华通讯社网站（后更名为新华网）等中央级新闻门户网站与上海热线、武汉热线等地方门户网站逐步建立起来，开启了中国互联网的门户时代。②

作为第二代互联网门户，博客网的成功融资带动 Web 2.0 时代的到来。在这一时期，博客、BBS 等多种网络媒体得到发展，网络媒体的影响力迅速提升，网民主导网络文化发展的格局开始形成。③

智能手机的普及、移动互联网的发展促使大量网民从 PC 端转向移动终端，手机网民的快速增长，使得门户网站不得不将重心转移到移动终端，抢占移动终端新闻入口。2010 年 6 月，搜狐推出了移动新闻客户端，同年 10 月，腾讯移动新闻客户端在苹果商店上架，2011 年 3 月 22 日，网易正式发布网易新闻手机应用软件。

根据速途研究院数据，2014 年第一季度手机新闻客户端用户规模已达到 3.78 亿，环比增长 6.78%，同比增长 47.66%。其中，腾讯、搜狐、网易的手机新闻客户端分别以 22.51%、19.93% 和 15.14% 占据了新闻客户端下载量份额的前三名，占据整个市场份额的半壁江山，而新浪新闻却只占了 3.82% 的市场份额。④门户网站移动新闻客户端用户数量的增长，一方面得益于其沿袭了传统门户网站的特点，用丰富的内容和熟悉的网站风格提高用户黏性；另一方面在传统新闻门户网站时代未能称王的门户依托互联网技术的发展，不断对自身进行重新定位，在用户体验、产品设计、内容生产模式上实现了"弯道超车"。

传统门户网站只提供"琳琅满目"的新闻，却很少从用户角度考虑这些内容用户是否需要，而到了手机新闻客户端时代，新闻客户端除了向用户推送热门新闻和分类新闻外，还将选择权交到用户手中，用户可以根据自身需求进行内容订阅。强化对新闻的评论和分享也是手机新闻客户端的发力点，网友可以在客户端的新闻下面跟帖评论并进行分享。如"做一个有态度的新闻门户"的网易新闻提出了"无跟帖，不新闻"的口号，体现了网易新闻注重用户评论和互动的特色，其分享功能打通了 QQ、微博、微信等社交渠道，且首

---

① 赵睿，喻国明. "赛博格时代"的新闻模式：理论逻辑与行动路线图——基于对话机器人在传媒业应用的现状考察与未来分析 [J]. 当代传播，2017（2）.
② 尚恒志. 新媒体技术 [M]. 武汉：华中科技大学出版社，2017：20.
③ 尚恒志. 新媒体技术 [M]. 武汉：华中科技大学出版社，2017：23.
④ 程惠芬. 媒介融合下的新闻客户端之争 [J]. 新闻战线，2014（11）.

创了态度截屏分享功能。

从 2009 年开始，Web 2.0 的概念就逐渐淡出人们的视野，SNS（社交网络服务）网站逐渐兴起，微博、微信等社交媒体的崛起将中国互联网带入即时传播时代。①2007 年，以"饭否"为代表的中国本土化微博产品开始出现，但中国微博进入蓬勃发展阶段则是以 2009 年一些国内门户网站强力加入为标志。自 2009 年 8 月新浪推出微博产品后，新浪微博用户数以每周 50% 的速度增长，而 2010 年多起标志性新闻事件在微博引爆，并逐渐扩展到传统媒体，微博开始作为一股重要力量走上中国新闻发展之路。

2012 年 3 月，今日头条的上线使得算法推荐成为新闻推送的常规机制。包括天天快报、一点资讯在内的资讯定制类平台媒体也积极运用算法推荐。经过 6 年的发展，今日头条已逐渐成为影响力最大、话题性最强的平台媒体，截至 2017 年 12 月，日均活跃用户数已超过 1 亿，单个用户的 App 使用时长已经超过了 76 分钟。它的成功从根本上讲得益于其对内容和用户的了解，其算法推荐系统从最开始的基于内容的推荐升级到协同过滤的推荐机制，再发展到将内容、用户、场景进行高度匹配，总体上看，算法技术在内容识别、用户画像两个方面越来越精准，场景传播也越来越契合用户的需求。

通过梳理中国数字媒体产业从传统门户到博客再到客户端、从定制型信息平台到社交—推送平台的演进逻辑，不难发现，在过去的 20 年时间里，新闻的传播模式经历了三次重大变革，即从模拟数字模式到数字模式再到以移动互联网为主导的模式。②当下适逢第三次变革，移动互联网正成为信息传播的主要途径，移动端的兴起使得新型平台媒体得以蓬勃发展。

四、平台媒体的挑战与发展趋势

平台媒体在不断刷新自身用户数和商业价值的同时，也受到了来自人文价值、新闻把关、引导效果等维度的重大挑战。挑战之一便是平台媒体如何平衡商业利益诉求与媒体公共价值之间的关系。2017 年年末，北京网信办约谈今日头条，由于其"持续传播色情低俗信息、违规提供互联网新闻信息"，其多个频道被暂时停更 24 小时。2018 年新年伊始，今日头条在知名招聘网站挂出内容审核编辑岗位，扩大内容审核团队。此外，今日头条还改变了以往主要依赖算法分发新闻的推荐模式，对头条要闻、重大时政新闻加强了人工审核和人工编辑分发，③重点推荐关于领导人的重大时政报道，并对相关评论进行严格的人工审核。一点资讯副总编辑白兰也指出，算法可挑选符合用户口味的文章，但是不能保证推荐内容的广度以及覆盖面，这个时候就需要编辑帮助算法判断推荐的频次、顺序等，防止机器推荐"单一、大量"的问题，保证提供各种类别的内容，以便用户"营养均衡"。④

---

① 尚恒志. 新媒体技术 [M]. 武汉：华中科技大学出版社，2017：24.
② BELL E，OWEN T.The platform press: how Silicon Valley reengineered journalism [EB/OL].（2017-04-14）[2017-12-01]. http://towcenter.org/wp-content/uploads/2017/04/The_Platform_Press_Tow_Report_2017.pdf.
③ 张志安，聂鑫. 互联网内容生态变化：历程、路径与反思 [J]. 新闻与写作，2018（10）.
④ 本刊记者. "算法可以更好地配合编辑工作"——访一点资讯副总编辑白兰 [J]. 青年记者，2018（13）.

近日，中华人民共和国国家互联网信息办公室（以下简称国家网信办）官方网站发布了自媒体账号集中清理整治专项行动情况通报，在依法依规处置了全网 9 800 多个自媒体账号的同时约谈了微信、微博等自媒体平台，对其主体责任缺失、疏于管理的情况提出严重警告。国家网信办的这次集中清理整治行动，为平台媒体敲响了警钟，平台媒体需要考虑如何对海量用户生产的内容进行必要把关。此外，随着平台媒体垄断式发展模式的渐趋成熟，平台媒体在垄断公众信息获取和传播渠道的同时，如何避免"信息茧房"、舆论极化等问题的出现，继续推动公众对公共事务的关注和参与，这也是值得平台媒体思考的问题。

互联网时代，原有社会结构中以组织化形塑的社会关系，逐步被社交关系、社群关系取代。[①] 优质的平台媒体想要吸引用户，就要首先满足用户社交需求。通过对平台媒体进一步观察，我们发现，资讯定制类平台媒体发力社交领域，网络社交类平台媒体则开始增加技术算法投入，未来，平台媒体将主要形成以社交为枢纽、以资讯为增值点、以算法和人工编辑为主导的生产和传播模式。综观全球平台媒体的发展，有三个趋势值得关注。

1. 平台媒体的社交属性将被持续强化，目的在于实现更紧密的社交化链接和人机互动

当下，中国的平台媒体主要包括以微博和微信为代表的社交类平台，以今日头条为代表的资讯类平台，以喜马拉雅为代表的音频类平台，以快手和抖音为代表的短视频类平台，以知乎、豆瓣为代表的社区类平台。不管是哪种平台，从发展趋势来看，社会化生产和社交化链接都是这些平台的根本特点，以资讯、音频、视频等各种内容形态进行大规模生产的过程中，各类平台都努力不断强化其社交属性，由此不断争夺用户注意力、增加用户黏性和提高商业价值。

平台媒体通过更高效的信息共享、更紧密的关系互动，增进了人与人、人与社会的无缝连接。伴随人脸识别、人机交互、智能推送、VR/AR 等技术的日益普及，未来平台媒体会更深度地使用这些智能技术，实现人与移动互联网设备、智能设备的人机互动。比如在 2018 年乌镇世界互联网大会上，腾讯集团 CEO 马化腾宣布，由于 5G 时代到来，移动网速提升到光纤级别，腾讯将启动开发 VR 版微信。可以预见，社交化与智能化结合，未来平台媒体的社交化链接和人机互动属性将不断被强化。

2. 全球范围内平台媒体的技术和资本，将从发展中国家向发达国家"逆向输出"

过去 20 年，全球互联网的风险资本、商业模式和技术服务，主要从发达国家向发展中国家输出，而且美国硅谷在全球互联网技术和模式创新中扮演着重要角色。比如，微博对 Twitter、易趣对 eBay 的模仿，中国互联网企业主要跟随美国互联网巨头的模式和发展方向进行商业运营和发展。

然而，伴随阿里巴巴"支付宝"（alipay）业务的全球化覆盖、共享单车模式的海外应用，中国互联网平台企业"走出去"逐渐成为常态，由此实现了互联网平台企业资本和模式的"逆向输出"。不过，这些模式输出的背后，主要依托的还是中国巨大的人口规模和人口红利，技术本身的创新程度还有待提升。

值得注意的是，字节跳动旗下今日头条、抖音的加速全球化，却依托了强大的机器学习（不断改善算法性能）、自然语言理解（人与计算机用自然语言进行有效通信）、计算

[①] 师曾志，胡泳.新媒介赋权及意义互联网的兴起[M].北京：社会科学文献出版社，2014：10.

机视觉（使计算机通过视觉来观察和理解世界）、人机交互（人和机器之间的信息交换技术）等人工智能技术。仅以抖音为例，其"技术出海"从 2017 年 8 月开始，截至 2018 年 10 月，已覆盖全球 150 多个国家，海外月活跃用户数突破 2 亿，抖音英文版 TikTok 在日本、美国、法国等国多次登顶当地 App Store 或 Google Play 总榜。这是一个值得关注的现象，即中国互联网企业的全球化布局，正逐渐使平台媒体从发展中国家向发达国家技术输出和逆向流动。

3. 平台媒体在信息自由、公共对话、隐私保护、网络信任方面需承担更大的人文责任

由于平台媒体已经成为年轻网民资讯获取、信息交互的主要平台，其在改进人类社会的互联网生活、加强网络空间治理方面都发挥着不可替代的作用。因此，平台媒体在用户增长、资本扩张、商业运营过程中必然受特定的政治、经济、文化情境的制约。平台媒体需要考虑如何更好地实现商业利益和公共利益的平衡。

从当下的发展趋势看，如何处理好信息自由获取和国家安全风险的关系、享受技术便利与加强隐私保护的关系、促进网络社交与重建网络信任的关系，是全球平台媒体需要共同面对的问题。坚持人文价值对技术创新的引领，持续满足和回应社会的公共期待，平台媒体才能完善价值观，稳健理性地发展。

基于算法正当性的话语建构与
传播权力重构研究
——以今日头条的算法争议事件为例*

张志安 周嘉琳

一、导言

（一）研究背景和研究问题

自 2017 年下半年开始，算法推荐引发媒体持续报道和评论。以人民网三评算法推荐为代表，党媒发布多篇社论直指今日头条等资讯客户端因算法推荐迅速崛起的同时存在价值缺失、"信息茧房"、内容低俗等问题。随后，今日头条遭遇封禁停更 24 小时、应用下架等处置。面对质疑，2018 年 1 月，今日头条向社会公开算法推荐的技术原理。2018 年 4 月 11 日凌晨，今日头条创始人张一鸣发表声明，向主管部门和用户公开致歉。

人民网发表的系列评论引发了关于算法正当性的争议。"算法"（Algorithm）概念早期源于计算机科学领域，指"为解决特定问题而输入机器的一系列步骤"[1]。到了移动互联网时代，算法逐步应用于信息传播领域，体现出自动化生产内容、用户导向、去人工干预等技术特性。近年来，作为今日头条、一点资讯等资讯客户端的核心技术，算法分发和个性化推荐机制快速推动这些技术公司建立竞争优势和提高竞争壁垒。一方面，算法重构新闻分发机制，重塑新闻生产的组织惯习；另一方面，算法技术也推动新新闻生态系统的重要行动者——聚合类平台媒体的崛起，[2]带来新的技术文化和价值标准。从更深层意义看，算法产生了新的议程设置效果，改变了公众信息接收的逻辑，促使新的信息传播机制形成，进而对主流意识形态传播秩序有所改造。

---

* 本文首发于《现代传播》2019 年第 1 期：30-36 页。略改动。作者周嘉琳为香港中文大学新闻传播学院硕士研究生，本科和硕士毕业于中山大学传播与设计学院。

[1] FULLER M. Software studies: a lexicon[M]. Cambridge, MA: MIT Press, 2008: 16.
[2] 张志安，汤敏. 新新闻生态系统：中国新闻业的新行动者与结构重塑[J]. 新闻与写作，2018（3）.

不同于以往新媒体技术出现初期通常会获得普遍认可和积极肯定，"算法是否正当"这一命题使算法刚刚进入公共话语就面临大范围的社会论争。不同的传播主体和利益相关者借助媒体资源，围绕算法推荐的内容质量、技术透明、正负效果等方面展开话语交锋，从而呈现差异性、动态性的话语实践。这也显示出，技术作为媒介场域中的重要变量，进入且冲击着既有的传播格局，加重了原有行动者的焦虑。

本研究从算法正当性的话语建构视角出发，聚焦人民网批评今日头条算法所引发的争议事件，具体描摹以人民网为代表的党媒、以都市报为代表的市场化媒体、以新浪和网易等为代表的门户网站、以今日头条为代表的聚合类平台媒体、以腾讯和阿里巴巴等为代表的互联网大企业五类行动主体关于算法的差异化话语，继而阐述技术对传播权力的重构，试图深入把握算法"进场"对中国新闻业的影响。具体而言，本文包括三个层次的研究问题：首先，在围绕算法的争议中，不同类型的媒体行动者如何建构或消解关于算法正当性的话语？它们各自的内在诉求和行动逻辑是什么？其次，不同行动者在算法争议中浮现出哪些类型的话语关系？应该如何理解技术逻辑与政治权力、新闻专业、商业资本之间的复杂勾连？最后，在平台媒体参与重构中国新闻业传播权力的当下，算法争议为制定政策的宣传管理部门、技术驱动的互联网媒体公司等利益相关者带来哪些挑战和启示？

（二）文献回顾：技术组织正当性及其权力关系

正当性（legitimacy）[①]概念由韦伯提出，经 Parsons（1960）引入组织社会学中，成为研究组织形成、企业经营和社会接受的概念工具。[②] 它主要用来表明组织竞争不仅为了争夺资源和顾客，还为了争取政治权力支持和制度正当性。[③]

通常行动者会基于内在诉求和行动逻辑选择不同的正当性来源，学者也从不同角度对正当性来源进行分类，比如得到广泛关注的美国社会学家萨奇曼（Suchman）和斯科特（Scott）的分类。其中，萨奇曼具体区分了三种正当性类型，即绩效正当性（pragmatic legitimacy）、道德正当性（moral legitimacy）和认知正当性（cognitive legitimacy）。[④] 绩效正当性牵涉组织与利益相关者的直接利益关系，主要考察组织绩效和利益。道德正当性反映公众对组织"是否正确地做事"的评价，具体分析组织行为是否提高了整个社会福利，包括对组织的产出与结果（结果正当性）、技术和程序（程序正当性）、内部结构规范性（结构正当性）进行分析。而认知正当性是基于人们既有的或习惯性认知进行正当性评价，包括组织行为是否具有可理解性、是否理所当然被接受。[⑤] 基于价值评价的判断，唐土红、

[①] legitimacy 是从拉丁语 lex（法）衍生而来，在国内被翻译为"正当性""合法性"。由于正当性既包含法律证成意义上的合法，又包含社会认知和道德维度的有效、正确、规范含义。因而本文认为该词翻译为"正当性"更为妥当。

[②] PARSONS T. Structure and process in modern societies[M]. Glencoe: free press, 1960. 转引自陈怀超，等. 组织合法性研究脉络梳理与未来展望[J]. 中央财经大学学报，2014（4）.

[③] DIMAGGIO P J, POWELL W W. The Iron cage revisited: institutional isomorphism and collective rationality in organizational fields[J]. American sociological review, 48（2）: 147-160.

[④] SUCHMAN M C. Managing legitimacy: strategic and institutional approaches[J]. Academy of management review, 20（3）: 571-610.

[⑤] 陈怀超，陈安，范建红. 组织合法性研究脉络梳理与未来展望[J]. 中央财经大学学报，2014（4）.

陈兰将 legitimacy 翻译为合法性，并将其分为工具合法性和价值合法性。[①] 工具合法性类似于绩效合法性，强调符合某种可以量化的评价体系或理性标准。而价值合法性是社会文化面向的经验性认可问题，如"正义""公平""道德"。

斯科特（Scott）则主要基于制度理论对组织正当性做出划分，分别提出规制正当性（regulatory legitimacy）、规范正当性（normative legitimacy）和文化—认知正当性（cultural-cognitive legitimacy）。[②] 规制正当性指向的是法律法规等正式制度，这些制度对于社会行为的约束是强制性的。规范正当性指向的是行业协会、教育机构等所提供的规范、标准、过往经验等，这些对于社会行为的约束是非强制的道义约束。而文化—认知正当性指向文化规则、传统、习俗等，它们对于社会行为的约束是模仿性的复制或跟随。也有学者将正当性分成规制正当性和文化正当性两种类型。[③]

上述类型的正当性被传播研究者用来分析媒体融合转型和传播权力变迁中的行动者话语实践。比如一项针对48家媒体2016年新年献词的研究发现，融合语境下都市报、晚报等市场化报纸的新年献词主要使用"绩效正当性""道德正当性"和"历史正当性"等三种来建构媒体的职业权威。[④] 另一项研究表明，职业权威的建构或消解在危机情境下表现得更为明显，媒体人会策略性地建构"新媒体"神话或"传统媒体"神话，来正当化其转型或留守的职业选择，在变动的场域中重新寻找得以安身的位置感。[⑤] 还有研究区分停刊、改版、创刊三类仪式性时刻，进一步分析组织在危机时刻的话语正当性建构。[⑥] 此外，正当性并不总是被构建，也会面临被消解的挑战。一项关于阿里巴巴收购香港《南华早报》的研究发现，内地（大陆）媒体和港台媒体分别把收购行为与国家或地区的话语权和意识形态相勾连，以此或构建或消解收购行为的"价值正当性"。[⑦]

今日头条这样的新媒体公司，依托算法驱动的智能化技术快速崛起，其进行技术创新的同时也可能因产生的复杂效果和对组织运行机制的改造而招致争议，参照组织社会学家的告诫，建立正当性也是这类新媒体公司需要面对的挑战。值得注意的是，正当性概念从提出以来，就开始表征一种支配和服从的权力关系。因此，本文除了依靠上述文献搭建本文的研究框架，即运用正当性概念分析今日头条的算法争议事件及其多元行动者的话语实践，还要通过研究算法正当性话语的建构和消解，考察平台媒体重构中国新闻业的生态特征，理解算法机制对主流意识形态传播秩序的影响，重新审视技术和人文的调和问题。

[①] 唐土红，陈兰.从工具合法性到价值合法性——我国权力合法性的价值范式转型[J].长沙理工大学学报（社会科学版），2012（5）.

[②] SCOTT W R. Institutions and organizations: ideas, interests and identities[M]. CA: Sage Publications, 2013: 89-90.

[③] ARCHIBALD M E. Between isomorphism and market partitioning: how organizational competencies and resources forster cultural and sociopolitical legitimacy, and promote organizational survival[J]. Teratogenesis carcinogenesis & Mutagenesis, 14(6): 259-270.

[④] 张志安，章震.媒介融合语境下新闻职业权威的话语建构——基于48家媒体2016年新年献词的话语研究[J].现代传播，2017（1）.

[⑤] 丁方舟."理想"与"新媒体"：中国新闻社群的话语建构与权力关系[J].新闻与传播研究，2015（3）.

[⑥] 白红义，李拓.新闻业危机应对策略的"正当化"话语：一项基于中国媒体宣言的探索性研究[J].新闻大学，2017（6）.

[⑦] 张志安，章震，曾子瑾.跨境媒体收购的正当性话语建构——以阿里巴巴收购香港《南华早报》为例[J].华南师范大学学报（社会科学版），2017（3）.

（三）样本选择和研究方法

本文以今日头条的算法争议话语为研究对象，样本选择范围主要包括争议中的五类关键行动者——党媒、市场化媒体、门户网站、聚合类平台媒体、互联网巨头。围绕算法争议事件前后的话语实践，样本发布时间覆盖 2016 年至 2018 年 4 月。其中，党媒是最初批判算法的积极行动者，市场化媒体是参与其中的媒体行动者，聚合类平台媒体是直接运用算法做资讯分发的主体行动者，也是批判算法的压力承受者，互联网巨头是在不同垂直领域运用算法的积极行动者，而门户网站是既具有媒体属性也具有互联网属性的行动者。这五类行动者的内在差异可以从媒体属性、算法运用、技术文化等三个维度来加以区分。我们剔除观点不清、论述不充分的材料后，根据话语阐发主体对文本进行整理，共获得样本 96 篇。其中，党媒话语文本 24 篇、市场化媒体话语文本 40 篇、门户网站话语文本 7 篇、聚合类平台媒体话语文本 15 篇、互联网巨头话语文本 10 篇。

研究采用威廉·甘姆森提出的建构性话语分析方法，把媒介话语拆解成不同的话语包。我们对样本进行充分阅读，借鉴相关研究分析报道时使用的具体框架，[①] 主要从框架、隐喻、范例、警句、描述、问题提出、论证过程、问题结论等八个方面，分析归纳不同行动主体的话语。话语不仅具有建构社会的作用，更是建构组织正当性的重要介质资源，[②] 本文也通过观察不同主体话语实践的动态过程，特别通过话语冲突、话语联盟、话语共存，勾勒出主体权力如何在话语呈现中发挥作用，不同主体又是如何通过建构或消解算法正当性来维护自身的文化权威的。

二、研究发现

我们首先归纳出行动者阐述算法的三种视角：作为把关机制的算法、作为技术模型的算法、作为媒体融合介质的算法。基于不同的语境和关注点，我们又进一步细分出对应的六种话语框架。

第一种视角将算法看作一种新型的把关模式，讨论算法推荐的效果。按话语中阐述的算法在把关过程中的作用的重要程度不同，可将话语框架分成"替代式把关话语"框架和"协同式把关话语"框架。前者认为算法模型包含设计者的逻辑预设。后者则提倡机器算法与人工干预相结合，共同提升信息分发的速度和质量。

第二种视角回应个性化信息消费时代，用户的精准高效发送信息的需求，将算法理解成相对中立智能的技术模型。根据阐述算法的话语中算法服务对象不同，可将话语框架分为"技术商业创新话语"框架和"用户中心话语"框架。前者将算法技术看成商业创新的象征符号，突出人工智能引领技术进步；而后者强调算法实现用户与信息的高效匹配。在这里，"用户"不单指受众，更涵盖内容创作者个人和机构组织（政务机构、专业媒体、企业等）。

第三种视角是从行业影响出发，可将话语框架具体划分为"转型重构话语"框架和"竞

[①] 徐桂权，方若琳，苏幼真，等.主体建构与利益博弈：现实建构主义视角下亚投行报道的框架分析 [J]. 国际新闻界，2016（6）.

[②] 彭长桂，吕源.组织正当性的话语建构：谷歌和苹果框架策略的案例分析 [J]. 管理世界，2014（2）.

争威胁话语"框架两种。前者承认媒体采纳算法对新闻生产有积极的再造作用，后者反思人工智能对新闻业构成的挑战，如算法过度主导所产生的消极影响。依据上述三种视角和六种话语框架，我们对媒体行动者关于算法正当性的不同话语做出具体分析和阐释。

（一）算法争议中对不同媒体行动者的话语分析

总体上，聚合类平台媒体、互联网巨头、门户网站主要通过阐述绩效正当性、规范正当性建构算法正当性，而党媒、市场化媒体通过阐述价值正当性、规制正当性消解算法技术的权威（见表3-2）。其中，市场化媒体在自身采纳算法的不同阶段表现出明显的话语转向，前期与今日头条发生版权纠纷时，市场化媒体认为算法及技术平台是主要竞争者；而在技术驱动的媒体融合阶段，市场化媒体又将平台媒体当作"合作者"和"协同者"。

表 3-2　算法争议中各行动者话语框架及正当性类型

行动者类型	算法话语框架	正当性类型
党媒	替代式把关话语	价值正当性
党媒	竞争威胁话语	规制正当性
市场化媒体	转型重构话语	绩效正当性
市场化媒体	竞争威胁话语	规制正当性
市场化媒体	替代式把关话语	价值正当性
门户网站	转型重构话语	绩效正当性
门户网站	协同式把关话语	价值正当性
聚合类平台媒体	协同式把关话语	规范正当性
聚合类平台媒体	技术商业创新话语	绩效正当性
聚合类平台媒体	用户中心话语	绩效正当性
互联网巨头	技术商业创新话语	绩效正当性
互联网巨头	用户中心话语	绩效正当性

1. 党媒：以"价值正当性"反驳去总编论，以"规制正当性"责令平台整改

以人民网为代表的党媒在算法争议中主导着相关舆论，整体上呈现出批判性态度，具体批判过程则分为三个阶段。

第一阶段，党媒围绕传播效果和把关机制批评算法推荐。《人民网一评算法推荐：不能让算法决定内容》评价算法生产"未经科学验证的健康知识、只为博眼球的标题党、过于情绪化的观点"[1]。《人民网二评算法推荐：别被算法困在"信息茧房"》指出"算法一味推送高相似信息"[2]，并主要从内容低俗、"信息茧房"、虚假信息三个方面分析算法可能带来的后果。在把关机制上，党媒认为用可量化的标准替代人工，来判别什么是好

---

[1] 人民网．人民网一评算法推荐：不能让算法决定内容[EB/OL]．（2017-09-18）[2017-09-20]. http://opinion.people.com.cn/n1/2017/0918/c1003-29540709.html.

[2] 人民网．人民网二评算法推荐：别被算法困在"信息茧房"[EB/OL]．（2017-09-19）[2017-09-20]. http://opinion.people.com.cn/n1/2017/0919/c1003-29544724.html.

的、有价值的新闻，割裂了"思考的乐趣、价值的塑造、知识的完善"①，"末"的算法僭越了信息传播的"本"，背后反映出算法把关与公共信息价值之间的深刻矛盾。

第二阶段，党媒从技术创新和价值导向层面，指出今日头条等新媒体公司没有大力弘扬主流价值，甚至可能走向"创新的反面"②。"技术创新"一直是平台媒体强调的关键词，技术推动社会进步也是算法得以立足、取得正当性的根本。党媒强调平台媒体的技术至上和"唯市场论"没有"流淌道德的血液"，与算法推荐相比，传统媒体更能守住价值取向和独立精神，继而党媒认为，要想"算法为真正有价值的新闻服务"，就应当给算法装上"安全阀"，设立"总编辑"和"看门人"。

前两个阶段，党媒遵循"替代式把关话语"框架，以"价值正当性"批评算法把关带来的负面影响。到了第三阶段，党媒则结合"规制正当性"话语和行政力量，期待深度采纳算法技术的平台媒体做出机制整改。比如《人民日报》微信公众号曾在其2017年12月29日发表的文章中引用北京市互联网信息办公室相关负责人的话解释今日头条部分频道24小时停止更新的原因："在尚未获得互联网新闻信息服务资质下，今日头条手机客户端违规转载新闻信息，且'标题党'问题突出，严重干扰了网上传播秩序。"③这种将今日头条界定为"不守法规者"的批判话语，会对以算法为技术驱动的平台媒体造成正当性危机的巨大压力。

2. 市场化媒体：以"绩效正当性"话语来适度正当化算法采纳行为

2017年下半年，党媒从批评角度密切关注算法推荐，市场化媒体则呈现出复合的话语框架。其一方面跟随党媒发表批评性评论，另一方面承认算法技术推动媒介融合，并围绕传播效果、经济效益建构算法的"绩效正当性"，适度缓解技术驱动、商业文化与新闻生产、专业价值之间的矛盾。

话语策略上，首先，市场化媒体会阐释传统媒体融合转型后的全新定位。比如，封面新闻定位自己"不再是传统意义上的媒体"，也"不仅仅是客户端"，而是"要成为引领人工智能时代的泛内容生态平台"，④这种定位体现出其朝互联网平台媒体靠拢的趋势。其次，市场化媒体虽然对技术持"积极拥抱"的态度，但也会重申社会责任和价值引导的重要性，承诺以人工把关、舆论导向为前提，有限度使用算法或对算法产生的影响进行必要矫正。比如封面新闻宣称，在内容上其算法设计区别于商业平台的客户端："以智慧解决智能的短板，强化价值联接，纠正算法偏差，为技术引擎植入价值观的灵魂。"⑤

实践操作上，一些市场化媒体频繁与互联网技术公司达成合作，试图缩小与算法驱动的智能化客户端的技术差距。例如，《南方都市报》与一点资讯合作，尝试获取用户画像、兴趣标签等。同时，其他一些市场化媒体释放警告话语，保护数据安全，强调品牌独立。比如经由《东方早报》转型而成的澎湃新闻，其负责人接受采访时说道："技术引进和合

---

① 人民日报评论部.算法盛行更需"总编辑"[N].人民日报，2016-12-23（5）.
② 人民网.人民网三评算法推荐：警惕算法走向创新的反面[EB/OL].（2017-09-20）[2017-09-22]. http://opinion.people.com.cn/n1/2017/0920/c1003-29545718.html.
③ 人民日报.重磅！今日头条多个频道被暂停更新24小时[EB/OL].（2017-12-29）[2017-12-29]. https://mp.weixin.qq.com/s/okfFhKlJUNOwSp8JrUorsQ.
④ 崔江.封面新闻App3.0迭代 做"AI+媒体"的探索者与实践者[N].华西都市报，2017-05-05（A1）.
⑤ 崔江.炙手可热"数据红利"如何获取？[N].华西都市报，2017-07-04（6）.

作原则在于,一是不能损害澎湃新闻品牌和用户的权益;二是不能导致澎湃新闻人员成为技术白痴。"①

可见,市场化媒体对算法正当性的话语建构不像党媒那么具有批判性,它们会在一定程度上建构算法正当性。不过,最有效的算法正当性建构应该源于管理部门的认可。因此,在今日头条算法争议事件中,市场化媒体的话语框架与党媒总体上仍保持高度一致,也会部分消解算法的技术正当性,但另一方面,由于它们本身也是算法的积极采纳者,所以会刻意强调技术只是手段,转型目标在于建立新型主流媒体,更好地服务于主流意识形态传播,比如"始终把做强主流舆论作为根本任务,围绕主题主调精准设置议题,创新方法手段"②,市场化媒体通过如此方式来维系原有价值观,保障自身继续获得权力支持。

3. 门户网站:以"绩效正当性"多路径采纳算法,以"价值正当性"重申专业理念

早在 2015 年,新浪、网易等门户网站在专业编辑基础上附加机器算法,强化信息个性化服务,不过与后来依托算法快速崛起的今日头条相比,门户网站在算法推荐的资讯分发领域是有限采纳者。研究发现,门户网站与市场化媒体关于算法正当性的话语相似,一方面以"转型重构话语"建构多路径采纳算法的正当性,另一方面从"价值正当性"角度强调专业价值。

首先,门户网站会从传播行业发展趋势来解释加入机器算法的必要性。网易传媒副总编认为"引进机器算法是顺势而为"③。搜狐新闻客户端负责人称,"个性化已是移动用户新闻阅读的必然趋势"④。其次,门户网站也会从读者体验角度解读其生产机制优化和组织结构转型的原因。比如凤凰新闻提出:"通过打造'智能算法+人工编辑'的最优组合,我们一心一意为用户提供质量更高、雷点更少的阅读体验。"⑤ 相较于市场化媒体,门户网站具有技术方面的便利条件,其算法采纳更为深入、灵活,也在客户端运营中更加注重算法推荐机制的设计。例如,网易引入五个维度标准对所要分发的文章进行自动评分,权重设置遵循差异化曝光和推荐策略。

此外,门户网站也会将算法分发比喻为一种"冰冷的技术",将其与具有温度的"人文情怀"相对应,认为只有二者结合才能真正地超越算法,使算法更加闪亮并彰显价值理性。可见,在门户网站的话语建构中,内容为王、社会责任、价值主导等新闻业的传统话语并没有被算法技术的光环所掩盖,反而在传播秩序充满不确定性的时代为新闻业的效率提升和传播优化带来新的生命力。这是门户网站与传统媒体持续合作并适应宣传管理政策后形成的实践特点和组织理念。

4. 聚合类平台媒体:被动建构"协同式把关话语",主动建构算法"绩效正当性"

今日头条较早提出并实践算法推荐的信息分发模式,由此获得用户规模的快速增长和竞争优势的明显提升,算法也成为代表今日头条技术优势的典型符号。当算法面临党媒发起的舆论质疑时,今日头条既通过与党媒在内容上深度合作、增加人工推荐权重等措施积

---

① 江南鸢. 内容为王 紧跟技术 运营创新 [N]. 深圳商报,2017-08-19(A8).
② 吴浩,张立东. 加快推动媒体深度融合落地见效 [N]. 华西都市报,2017-02-24(A2).
③ 本报记者. 从"有态度"到"各有态度"网易新闻强化内容消费升级平台思维 [N]. 北京商报,2017-05-22(C4).
④ 张倩怡. 搜狐新闻改版打"个性"牌 [N]. 北京日报,2014-11-20(11).
⑤ 魏巍. 凤凰新闻岳建雄:互联网已从自由开放走向垄断与封闭 [EB/OL].(2016-12-02)[2018-02-03]. http://www.chinanews.com/business/2016/12-02/8081928.shtml.

极整改，也通过公开算法机制、发表道歉声明等方式来维护算法正当性：一是以"协同把关话语"被动应对党媒消解算法正当性的压力；二是以"技术商业创新话语"和"用户中心话语"，从引领商业创新、满足用户需求、服务主流传播等角度，主动建构算法正当性。

一方面，"人民网三评算法推荐""网信办约谈今日头条"等事件直接促成今日头条调整话语，改变"算法主导内容筛选"的宣传口径。其多份声明多次出现"主旋律""人工审核""企业社会责任"等关键词，并宣布关闭社会频道，公开算法原理，招聘 2 000 名编辑，在话语和行动上对算法争议做出策略性应对。当内容管制压力进一步升级时，2018 年 4 月 11 日凌晨，今日头条创始人发布《致歉与反思》，承认公司以往过分强调技术作用，向主管部门及广大用户致歉，并承诺"加强党建工作、提高权威媒体内容的分发、强化总编辑责任制、全面纠正算法和机器审核的缺陷"[①]。以今日头条为代表的平台媒体发出"积极配合政府监管、维护平台生态健康"的话语，其背后逻辑在于放慢扩张速度、让渡经济利益，用更加积极主动传播主流意识形态的姿态，来保障平台的生存和发展。

另一方面，平台媒体在这次算法争议事件发生前，也曾主动建构算法正当性。比如在"技术商业创新话语"中，今日头条曾努力区分自身与其他媒体行动者的差异。比如，"基于算法推荐的内容分发平台""人工智能的先行者"等定位，强调技术智能脱离人工干预，形塑科技引领、勇于颠覆的价值追求，由此令企业在传媒和商业领域更加引人瞩目。这种话语区分策略，可以让企业在一定程度上减少承担传统主流媒体的专业责任和导向压力，但对算法效果的高调宣扬，也容易暴露出技术在内容把关、价值立场上的过度主导的缺陷，为随后遭受党媒质疑下隐患。

正如今日头条创始人所说，除了要肩负科技创新责任，也要承担内容建设和信息服务的责任。在"用户中心话语"中，今日头条与专业媒体、政务机构媒体建立长效合作机制，比如其与人民网、《北京晚报》等 1 万多家媒体达成版权合作，推出"媒体实验室"，以技术和数据资源支持传统媒体进行新闻生产。今日头条还推出"头条号"，邀请各级党政机关入驻发布政务信息，以此不断丰富平台的内容来源，提高平台上资讯的质量，改进平台上的内容生态。两会期间，今日头条还联合人民网独家策划"2018 两会调查"，吸引了超过 400 万人参与。在公益资讯传播和公益动员方面，今日头条与民政部门合作，推出"两岸寻亲"项目，利用人工智能精准推送寻亲信息。这些都是聚合类平台媒体发挥技术优势，充分整合资源，对单纯依靠算法推荐的传播机制进行矫正、纠偏的举措，这些举措也为其建构算法正当性话语提供了例证。

5. 互联网巨头："用户中心话语"建构算法技术优势

百度、阿里巴巴、腾讯（简称"BAT"）三家互联网巨头，均结合自身业务发展需要在不同的垂直领域深度应用算法技术。起初，BAT 通过"技术商业创新话语"建构算法的绩效正当性，展现算法推荐应用于不同的移动场景的优势，比如网上购物、移动端打车，算法推荐能够实现生活服务与用户需求精准对接。随着资本平台开始进入内容分发领域，BAT 相继推出阿里 UC 头条、腾讯天天快报等资讯客户端，这些互联网巨头与今日头条构成激烈的竞争关系，由此也越来越多介入算法议题的讨论中，主要采用"用户中心话语"框架，与专业媒体、自媒体等内容生产者展开对话。

[①] 今日头条.致歉和反思[EB/OL].（2018-04-11）[2018-05-11]. https://mp.weixin.qq.com/s/4r6rCwNE7BgTLD37cPJOoA.

总体上，互联网巨头关于算法的话语可以归纳为三种：其一，强调自己与今日头条"打法不同"，突出集团内部数据互通优势；其二，向传统媒体释放善意，建立与内容生产方"共生共赢"的关系；其三，沿用媒体专业话语，形塑互联网企业采纳算法的正当性。例如，腾讯"天天快报"结合人工和算法优化内容品质，阿里 UC 降低低质内容权重，承担价值引导责任。可见，这些互联网巨头在算法正当性话语的建构过程中具有一定的暧昧和含混特点，既在非资讯分发领域强调算法的智能化应用效果，规避新闻分发的意识形态风险，又在自身资讯产品采用算法技术时强调与今日头条不同，避免自身卷入算法批判的舆论旋涡中。

（二）算法争议中的四种话语关系：同构、对抗、规训、合谋

行动者完成从话语到权力的转化，需要争取社会"合意"（consent）。通过观察五类行动者在算法争议中的话语互动，本研究发现，其中浮现出同构、对抗、规训、合谋四种张力关系（见图 3-1）。

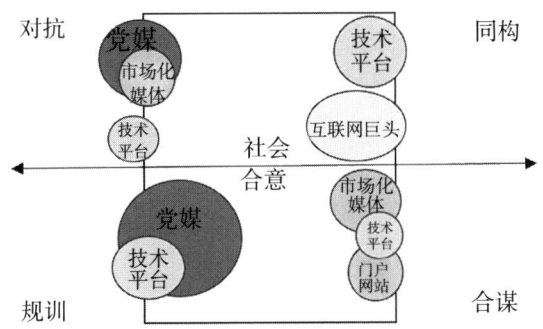

图 3-1　多元行动者"算法话语—权力关系"象限图

（说明：圆圈大小代表行动者话语的相对数量，重叠部分代表话语一致，圆圈与"社会合意"方框重合程度越高，代表行动者观点越能成为主流意见，越易获得支配权力和社会资本。）

同属互联网企业，聚合类平台媒体和互联网巨头具有高度同构性，但这两类行动者对算法的应用却各有侧重，以今日头条为代表的聚合类平台媒体主要在内容分发和智能推送领域运用算法，阿里巴巴、百度等则在各自电商、搜索等业务中运用算法技术。相比之下，聚合类平台媒体借助算法技术快速崛起后，对传统专业主流媒体的冲击更大，其业务与新闻传播格局、主流意识形态的关联也更加紧密。

2013 年以来，阿里巴巴先后投资 36 氪、二十一世纪传媒、《南华早报》等，布局覆盖基本的媒体形态，这一举动尽管也曾在媒体行业内部引发关注和一些疑虑，但总体上没有引发公共话语层面的争议和质疑，主要原因是阿里巴巴参与收购的是经营业务，不涉及采编部门，这些专业媒体的内容生产和价值导向宣传依然在宣传部门的严格管理下。这次，BAT 在算法争议事件中保持参与者和旁观者的暧昧姿态，虽然其也从技术维度建构了算法在商业领域的正当性，但没有强调智能分发在新闻传播领域中起到的变革性作用，也没有将相关议题与主流意识形态传播紧密勾连，因此 BAT 未卷入算法话语冲突中。

这次由今日头条算法争议事件引发的话语冲突，集中发生在党媒和平台媒体之间，争议触发的直接原因在于，作为承担意识形态宣传任务的主力——中央主流媒体，意识到算

法推荐的中立性存在问题,过度运用由算法主导的资讯分发机制会对主流意识形态传播带来不利影响,造成用户信息接收的"茧房效应"甚至产生意见极化的负面影响,于是,《人民日报》、人民网的评论和报道,释放出警示话语,以维系传统主流媒体的价值根基。进一步剖析深层原因,今日头条这样的平台媒体快速崛起对既有的新闻业格局产生重大影响,党媒等传统媒体在巩固影响力方面面临重要挑战,而一定程度上矫正算法技术的负面效应,也会实质上制约平台媒体的扩张态势。这次算法争议事件既使党媒内容借助算法分发机制实现广泛传播、使主流价值渗透到算法设计的初始环节,又使党媒在算法矫正过程中强化了自身的技术采纳,提升了算法推荐效能。

近年来,算法盛行推动平台新闻业崛起,也打破了长久以来由传统主流媒体把控的、自上而下的传播体系,传统的宣传范式面临着传播覆盖率和到达率下降、主流资讯对年轻受众的吸引力下降及信息控制基础上的说服传播和观念影响效果弱化等挑战。一方面,算法驱动的资讯类客户端尚未完全作为新闻媒体被纳入传统媒体的管制框架中。从资本来源、实践逻辑来看,今日头条作为民营互联网企业,具有运行自主、商业主导、扩张加速的特点,其不必像传统媒体那样把承担舆论引导功能作为主责,而可以专注于资讯内容的智能化分发、个性化产品的培育和多元化服务的开拓。同时,算法筛选主要以用户兴趣为导向,拥有一套非常透明、可量化的传播效果评价体系,总体上会导致时政新闻的供给量不如生活、娱乐类资讯,这是由泛娱乐化时代海量用户信息需求的结构性特点所决定的,但算法推荐容易放大这种不均衡。另一方面,媒介融合时代,社交导向、技术驱动、智能传播的平台媒体日渐成为资讯分发的枢纽,传统媒体作为信息传播载体,总体上被日渐边缘化。尽管《人民日报》、新华通讯社、中央电视台等中央媒体在融合转型上取得显著效果,通过入驻微博、微信、今日头条、抖音,或者自建新闻客户端或运营新闻网站积累了上亿乃至数亿的用户规模,但绝大多数省市级主流媒体仍处于读者流失、广告下滑、影响力弱化的严峻考验中。因此,客观上,主流媒体对算法的批判一定程度上会消解技术平台在算法正当性话语建构中的权威和垄断地位。

循此逻辑,党媒先后多次针对"约谈""停更"等管理政策,建构批判立场的话语,试图通过话语和行动将平台媒体收编到管制框架下,让技术更好地服务于政治宣传和舆论引导。话语下行的公开规训过程,体现出以党媒为代表的主流媒体努力掌控传播领域的话语权和主导权,对平台媒体这样的新行动者起到制约作用。在算法争议事件发生后,今日头条承诺加强内容把关、公开技术原理以减少社会疑惑,并积极向监管部门表明整改决心,体现出服从管理、遵循规训和向主流媒体靠拢的姿态。

平台媒体的算法推荐机制和平台媒体的快速崛起,加剧传统新闻业的"算法焦虑",市场化媒体、门户网站、平台媒体之间存在的竞争关系也在重构新闻业态。需要强调的是,本研究也发现,在算法议题上,专业话语和技术话语也出现了相互统合的趋向。同时,传统媒体的专业价值内核在技术冲击下,经由不同组织行动者、媒体负责人和管理部门的政策重申得到强化。一开始,传统主流媒体内部结成话语联盟,与今日头条产生版权纠纷,随后双方达成和解,少数市场化媒体也积极采纳人工智能技术,建构算法正当性,希望借技术驱动和智能传播来助推传统媒体融合转型。对今日头条这样的平台媒体和技术公司而言,主动为传统媒体提供内容精准分发服务和强势传播平台,可以反哺流量、技术、数据,也可以确保更稳定、更高质的内容来源。此外,通过邀请大量党政机关入驻平台开设"头条号",今日头条不断积累政治资本,由此可以为其的算法正当性建构争取更多的文化资本和象征资本,也有利于逐步缓解算法争议导致的社会压力,强化各方对算法助力于主流意识形态传播的理解和认同。

三、结论及讨论

(一)理解争议成因:政治话语对技术话语的收编和传播权力的再分配

围绕算法争议,关键行动者的话语变迁展现出"技术正当化"的动态过程和发展趋向。理解算法正当性的话语建构及其原因,有显性和隐性两条线索,从显性角度看,算法技术正当性与人本主体理性之间浮现价值断层,算法争议的背后是传播业态中日益起主导作用的技术驱动与新闻专业长期承担的舆论引导功能之间的冲突;从隐性角度看,智能技术推动平台媒体崛起,导致专业媒体和平台媒体之间传播权力再分配,专业媒体面临传播效果弱化的严峻挑战,这对以正负信息调控和宣传仪式建构为主责的主流意识形态传播产生一定的负面影响,由此,政治权力与商业资本之间展开了话语争夺和力量博弈。

可以预见,多数主流媒体无论怎样加快融合转型的步伐,努力布局各类新媒体矩阵,都很难阻止用户黏性、注意力和忠诚度向平台媒体转移和倾斜。当下,以 Facebook 和 YouTube 为代表的海外平台媒体,和以微博、微信、今日头条、抖音为代表的中国平台媒体,都在深刻重构着中外新闻业的传播格局,内容的社会化生产成为主流趋势,智能化采集、生成和分发技术已经成为传播格局重塑的关键变量。因此,从传播权力再分配的视角看,算法争议背后实质上是互联网平台媒体传播权扩张、传统主流媒体传播权弱化所导致的话语冲突和力量博弈。

然而,本研究也印证了技术力量和平台媒体会冲击既有传播格局,技术话语必须在特定的政治、经济、文化语境下展开,从始至终要接受主流意识形态的主导和管制,而传统主流媒体作为主流意识形态传播体系的核心组成部分,拥有借助政治话语对技术话语进行收编和改造的行政权力。实质上,党媒主动阐发主流意识形态,经对抗、规训话语,通过行动实现了对平台媒体的规制,平台媒体做出的行动妥协和话语改造,使其进一步服务于主流意识形态传播的同时也适当减缓传播权的扩张,最终通过平台媒体对传统主流媒体的内容赋权和与传统主流媒体进行技术合作,中国新闻业实现了传播权力的再分配,专业媒体在媒介场域中的符号权威也得到了巩固。

(二)推进算法治理:实现管理部门、媒体行动者、行业的多元共治

在相对开放透明的技术环境下,针对算法的媒体论争已经从行业话语扩展到公共话语。而作为一个充满科技神秘感的名词,算法这个概念本身也具有多种理解视角和诠释框架,可以引发人文反思。算法争议背后是媒体行动者对价值理性的关注,提醒着人们警惕过分强调技术驱动所带来的工具理性的负面效果,让人们认识到技术祛魅和价值规范的紧迫性。算法争议也促使管理部门更加重视技术变革对意识形态传播的影响。

媒体和网络管理部门如何在规范算法运用的同时,积极利用算法技术来优化内容生态、提升传播效果?我们认为,网络管理部门需要推动主流媒体、互联网公司等多元行动者在

实践中更加重视算法、人工智能等技术对意识形态传播规律的影响，既要客观、理性面对算法推荐对中国传播业权力格局的重构，又要在针对算法的治理过程中，思考制定规则的规则，即思考依据怎样的价值和精神、建立怎样的多元参与的规则制定主体、遵循怎样的规则制定程序来制定规则。在网络治理过程中，监管者需要尊重企业权利，实现与企业、专家多元共治的格局。[①] 目前，包括《人民日报》在内的主流媒体开始积极采纳算法推荐等人工智能技术，创新融合传播形式，强化内容精准分发，将与腾讯、今日头条等平台媒体加强数据、技术、渠道甚至资本方面的合作。因此，针对算法在内的技术治理，需要管理部门、媒体行动者和行业组织共同参与、多元共治。

对于平台媒体而言，其需要用话语灵活建构绩效正当性，贴合主流价值的传播目标，更多地发出舆论导向、内容审核、人工编辑、社会责任等"协同式把关话语"，从而巩固和提升算法的价值正当性。在行政控制不断强化的语境下，技术驱动型的互联网公司未来仍然面临技术升级、产品优化和风险管理的挑战，需要不断平衡政治安全与商业获利之间的关系。

综上所述，本文针对算法正当性话语建构的研究，既可以作为观察新闻业传播权力结构变迁的窗口，也可以当成研究技术作为重要变量如何影响新闻业发展这一问题的线索。同时，本研究也为学者研究智能化技术推动下的中国新闻业如何坚守人文价值、不断提升公共性这一问题提供了参考。

---

① 张志安. 人工智能对新闻舆论及意识形态工作的影响[J]. 学术前沿，2018（8）.

媒体融合再观察：媒体平台化和平台媒体化[*]

张志安　曾励

从全球范围看，以社交链接、技术驱动、资本创新为主导的平台媒体已经成为日益主流的枢纽性平台。在欧美国家，Facebook和YouTube在年轻的互联网用户群体中占据垄断地位。在中文互联网世界，作为社交类平台媒体的微博、微信，作为新闻聚合类平台媒体的今日头条、一点资讯，作为视频类平台媒体的快手和抖音，作为音频类平台媒体的喜马拉雅，都成为不同类型平台媒体的主导者。

一方面，传统主流媒体依托商业平台媒体增加了粉丝、提升了影响力；另一方面，主流媒体在商业平台媒体上的内容运营难以获得商业价值的变现、难以有效积累用户数据、无法自主掌控传播平台。尽管以《纽约时报》《华盛顿邮报》为代表的西方主流媒体和以《人民日报》、新华通讯社、中央电视台为代表的中国主流媒体，既通过高品质内容生产保持公信力、专业性方面的优势，又通过与社交媒体合作提升了网络上的影响力和引导力。但总体上，商业模式的重构、移动互联的挑战使传统主流媒体在用户积累、数据控制、平台建设方面处于相对劣势。过去一些在全国有影响的区域性传统专业媒体也正在逐渐失去全国影响力，而少数商业性互联网平台媒体已经成为全国性媒体甚至全球性媒体。

放眼全球传媒业，具有数亿规模用户的网络平台因用户的信息交互、公共表达和社会化生产，越来越具有媒体化特征；而具有专业化内容生产优势的传统主流媒体，在融合转型过程中又期待逐步实现平台化发展，以提升传播能力和竞争优势。平台媒体化和媒体平台化，已成为当下媒介融合的典型特征和趋势之一。以中国媒体数字化为语境，传统专业媒体对商业互联网平台的依赖现状如何？传统专业媒体和平台媒体各自的优势和劣势有哪些？传统专业媒体如何利用平台媒体实现自我发展？本文试图对这些问题进行分析和探讨。

一、传统主流媒体对商业平台媒体的运用与依赖

1. 绝大多数传统媒体都把微博、微信作"标配"，并大量进驻今日头条

近年来，传统主流媒体在融合转型过程中，为增强在互联网上的影响力和引导力，尤其为吸引更多粉丝、扩大整体用户规模，几乎全部开设了微博账号、微信公众号。比如，

---

[*] 本文首发于《新闻与写作》2018年第8期：86-89页。略改动。作者曾励任职于广东省网信办，中山大学传播与设计学院行政管理专业博士。

《人民日报》新浪微博粉丝数 5 564 万，《人民日报》官方微信公众号粉丝数超 15 000 万，微信文章的阅读量均超 10 万+。

而且，多数传统专业媒体除开设报社官微外，还开设部门、版面乃至业务微博账号、微信公众号，比如《人民日报》海外版开设侠客岛。可以说，传统专业媒体对微博、微信平台媒体已形成高度依赖。除国内商业平台外，出于对外传播的需要，少数中央媒体也纷纷在海外社交媒体平台上开设账号。

2. 多数传统专业媒体在商业平台上扮演"内容奶牛"角色，除影响力提升外，经济收益较少

目前，多数传统专业媒体从微博、微信平台上获取的广告收益非常有限，仅有少数主流都市报通过软文置入营销、活动推广和直播业务等，年广告收入达到数百万，只有极少数专业媒体依托高质量新闻，获得两三千万元的版权收入。大部分传统专业媒体主要借助微博来维持品牌影响力，借助微信巩固其在移动舆论场上的议程设置和社群互动能力，但传统专业媒体无法通过向平台媒体授予内容使用权获得足以支撑原创新闻生产的收益。

3. 传统专业媒体依托商业平台获取数百万、上千万粉丝，为强化舆论引导力打下坚实基础

多数传统专业媒体通过进驻微博、微信、今日头条等商业平台，获得了数十万、数百万乃至上千万的粉丝，在重大活动、重要政策的宣传报道方面提升了影响力和引导力。如果没有依托商业平台或单纯通过 App 等客户端方式自建平台，绝大多数传统专业媒体的影响力将日渐衰微，大量优质的原创内容也将无法经由主流渠道到达用户。

4. 根据《互联网新闻信息服务管理规定》，中央和省市级传统专业媒体的微博和微信正在逐步获得原创新闻的采编资质

2017 年 6 月 1 日起试行的《互联网新闻信息服务管理规定》指出："通过互联网站、应用程序、论坛、博客、微博客、公众账号、即时通信工具、网络直播等形式向社会公众提供互联网新闻信息服务，应当取得互联网新闻信息服务许可，禁止未经许可或超越许可范围开展互联网新闻信息服务活动。"当下，包括中央和省市级传统专业媒体在内，越来越多的传统专业媒体的微博、微信公众号正在逐步通过审批获得提供互联网新闻信息服务的正规资质，由此可见，传统专业媒体的平台化运营已有了制度保障。

二、传统专业媒体和平台媒体的优劣势比较

从发展趋势看，平台媒体之间的边界正变得日益模糊。比如微博经由增加视频、直播等传播形态实现了更加融合化的形态升级，百度 App 的内容抓取和推送界面越来越接近今日头条这样的新闻聚合平台，今日头条的"微头条"业务使其增强了类似微博的社交属性和用户内容生产优势，微信推出的"看一看"和"搜一搜"具有今日头条和百度 App 的类似功能。

换一个角度看，一些有影响力的专业媒体也越来越具有平台化发展的抱负。比如，封面新闻、"南方+"等新闻客户端，把越来越多的政务机构媒体"装进来"，同时依托机器写作、算法推送、人工智能等技术增强平台属性，比如封面新闻的口号就是"打造引

领人工智能时代的泛内容生态平台"。《人民日报》的"全国党媒信息公共平台",截至 2017 年 12 月,已有 147 家机构媒体入驻。

与传统专业媒体相比,平台媒体的优势主要体现在:采用算法和人工智能实现更高效和精准的信息传播,具有技术吸纳和持续创新的活力,能迅速吸引和积累数以亿计的海量用户,在资本和商业驱动下具有超强盈利能力。而其相对劣势主要包括人文价值尚未主导平台发展、商业利益的内在驱动可能带来负面影响、内容生产过程中的价值导向缺失可能导致难以把控的风险、智能算法等产生的负面传播效果有待矫正,等等。

与平台媒体相比,传统专业媒体当前面临的挑战主要包括以下几方面。

(1)商业模式彻底重构。内容稀缺时代传统媒体形成的"二次销售"的经营模式面临瓦解风险,高品质的原创新闻内容无法通过收费来获得足以支撑采编成本的经济回报,单纯依托广告销售而建立的商业模式彻底被打破。

(2)内容形态需要更新。传统专业媒体进行内容生产时的表达习惯、叙述形态、话语方式等,在移动互联网时代需要更新,如何创新内容和话语形态,既关乎观念变革,又关乎机制再造。

(3)传播渠道不再主流。具有社交链接属性和资讯聚合属性的平台媒体,是当下信息集成、流动、分发和传播的"枢纽",而传统纸媒、电台或电视台,越来越成为边缘化的信息传播载体。因此,传统专业媒体的内容优势已经无法通过自有的传播介质形成相匹配的影响力,传统专业媒体只能越来越被动或主动地入驻微博、微信等平台来吸引粉丝,增加用户数。

(4)运作机制亟待创新。传统专业媒体面向数字化语境进行内容、产品、组织等不同层面的探索创新,还需要在技术驱动、资本运作、组织文化、多元产权、激励体系等方面进行运作机制的创新。

同时,立足当前的媒体生态和政策环境,传统专业媒体的优势和机遇也同样包括四个方面。

(1)原创时政新闻采编权。自媒体、平台媒体等均不具有时政新闻的采编权,传统主流媒体在原创报道领域拥有的采编权使其在内容供应环节始终占据主导和优势。尽管互联网带来海量信息传播的格局,但影响多数公众利益的"硬新闻"始终是稀缺品,传统主流媒体仍然是各大互联网平台上头部内容的主要供应商。

(2)整合公共资源的优势。传统主流媒体在开发和运用政务资源、公共数据、媒体证照等方面具有独特的优势,其如果能够整合这些公共资源与优质内容形成"资讯+服务"的产品、平台,再以技术、资本和文化等层面的持续创新为辅助,可有所作为。

(3)各级政府的财政支持。尽管面临广告等经营收入锐减的经济压力,传统主流媒体在融合转型过程中始终能够得到财政拨款,由此可以相对从容、持续地进行原创报道和高品质内容的生产,总体上保持着较好的社会责任感和专业文化。

(4)舆论引导的能力较强。传统专业媒体因建立了比较规范的新闻采集、编辑、审核和发稿机制,可有效避免低俗、虚假信息的广泛传播,而且长期坚持以舆论引导为主责,具有相对严肃的新闻价值观和进行正面舆论引导的阵地意识。

三、平台媒体化和媒体平台化的若干隐忧

伴随传统专业媒体大量进驻商业平台媒体,以及平台媒体化、媒体平台化的趋势,一些网络舆论、文化安全和意识形态方面的隐忧正引起学界和业界关注。

1. 从影响力看,传统专业媒体和商业平台呈现快速的"此消彼长"态势

商业平台以相对低的成本获得传统主流媒体的优质内容,加上技术驱动和资本创新方面的优势,商业平台客观上建立了具有垄断性的影响力。而如果传统专业媒体简单采取"撤场"方式去平台化,则会客观上导致传统专业媒体弱化乃至失去已经建立的网络影响力和引导力。

2. 从引导力看,商业平台依托技术创新和海量用户实质上掌控着传播话语权

尽管传统专业媒体在原创时政新闻方面具有采编权,但并不具有平台媒体上推送其优质内容的主导权,加之多数用户在阅读、转发和评论新闻内容时并不会非常注意相关信息的媒体来源。由此,商业平台总体上把握着内容分发、渠道拓展、公众参与的信息传播主导权和话语权。

3. 从依赖性看,尽管传统专业媒体的内容依然发挥着重要作用,但商业平台正在通过扶持自媒体增加"原创内容"的比例

目前,商业平台媒体正在借助网络直播、短视频、自媒体内容孵化等多种手段,逐步降低对传统主流媒体的内容依赖。比如,新浪微博通过吸引大量"网络主播",以个性化、视觉化和互动性内容生产,实现了原创内容的海量生产;今日头条、一点资讯、腾讯企鹅号等资讯聚合类平台,投入数亿资金吸引和扶持原创自媒体,逐步扩大了原创内容的来源渠道,客观上摆脱了对传统专业媒体内容的过度依赖。

4. 从主导权看,商业平台点击量、点赞数和转发数等数据的公开化呈现,使传统主流媒体不再拥有舆论引导、效果评价的主导权

如笔者曾在一篇文章中论述,[①] 传统新闻报道的评价标准主要是领导批示、同行赞誉和获得奖项,其效果评估是相对封闭的,而平台媒体的传播效果可以通过阅读数、点赞数、评论数等数据精准呈现出来。由此可见,传统主流媒体的对宣传效果的评价权和话语权面临挑战,舆论引导所激发的共鸣、参与和认同效果也需要更加真实的网络民意来评估。

结语:传统专业媒体如何借力平台实现自我发展

结合上文分析,笔者认为,传统专业媒体既要充分意识到绝大多数媒体很难建立平台化的优势,又要充分抓住与平台媒体合作的机遇实现自我发展。

1. 传统专业媒体不应"去平台化",但可以适度降低对平台的过度依赖

从较长时间段看,微博、微信、今日头条等商业平台的竞争优势还将持续,其长期积累的数亿乃至数十亿规模的用户也是传统专业媒体无法忽视的目标粉丝。对传统专业媒体来说,理性的发展目标是,既继续进驻商业平台,扩大粉丝规模,又通过用户转移、自建平台等方式降低对商业平台的过度依赖。

---

① 张志安. 人工智能对新闻舆论及意识形态工作的影响 [J]. 学术前沿,2018(8).

2. 要充分发挥主流媒体对行政资源的整合优势，培育和做强自身的资讯服务平台

对一些地市级传媒集团来说，如果能充分整合本地公共资源形成"资讯+服务"的产品，再辅之以技术、资本和文化等方面的创新，应可在建设区域化、本地化平台方面有所作为。比如，浙江湖州安吉、长兴等县域媒体，已成为比较成功的基层媒体融合典范。对中央主流媒体来说，充分运用好自身的独特资源和行政权威，也可以对基层公众形成较强的吸引力。比如《人民日报》客户端的累计自主下载量已突破2.1亿，截至2017年8月，新华通讯社客户端下载量也突破1.2亿，单条新闻阅读量达到100万+。

3. 传统专业媒体由于很难突破运营机制约束，也很难建立资本、技术驱动的文化，自建具有垄断优势的平台的可能性不大

从平台媒体的两大类型看，资讯聚合型平台媒体的崛起关键依赖于强大的技术创新能力和以算法推送为核心的人工智能技术，社交链接型平台媒体的竞争优势也同样依托于技术创新和资本驱动。而传统专业媒体的特点是事业化的运营体制、公益化的职能定位、专业化的文化生产，很难借助风险投资和技术创新驱动构建出具有强大影响力的媒体平台。因此，多数传统专业媒体并不具有建立强大平台的条件和可能。

4. 传统专业媒体在平台化的过程中，要增强版权保护、用户迁移和价值变现的自主意识，有效利用平台资源来做大做强自身影响力

传统主流媒体要积极主动地运用平台媒体的传播渠道和用户基础来构建自身的可持续影响。比如：①少数具有内容生产优势的主流媒体，要增强版权保护意识，提高原创品质新闻版权售卖的价格；②在利用平台媒体吸引粉丝的过程中，传统主流媒体要通过多种方式实现平台粉丝向自有客户端或用户数据库转化，比如通过平台媒体上的直播活动或线下活动推广积累用户，利用平台媒体的内容传播实现客户端的用户导流等；③少数具有内容优势和政策优势的主流媒体，可通过与平台媒体合资建立混合所有制公司的方式，来充分发挥各自专长、扩大对等合作的空间。比如《人民日报》与腾讯、歌华有线合作推出"人民视频"。

第四篇

自媒体篇

自媒体的叙事特征、社会功能及公共价值*

张志安　陈子亮

随着移动互联网、算法推荐、人工智能等数字化、智能化传播技术的不断升级，传播门槛不断降低，社会化传播已成为当下主流的传播形态。专业媒体主导职业化生产以及体制内行动者垄断传播资源的传统新闻业态发生了深刻变化，正向多种媒体共同参与、多元新闻实践形态共存的新生态格局转变。专业媒体、机构媒体、自媒体、平台媒体共同构成了中国的新新闻生态系统。① 本文以自媒体为研究对象，从公共传播视角出发，结合自媒体引发的传播热点事件，分析自媒体的叙事特征和社会功能，进而探讨其提升专业性及增强公共性的局限及可能。

一、自媒体的概念界定

西方学界的"自媒体"（We Media）概念，起源于新闻业的转型期，西方学界围绕着新闻业变迁如何更好服务公共生活这一主题展开对自媒体的研究。2003年7月，美国新闻学会媒体中心发布了由谢因·鲍曼（Shayne Bowman）和克里斯·威利斯（Chris Willis）撰写的全球首份自媒体报告《自媒体：受众如何形塑新闻和信息业的未来》。该中心副主任戴尔·帕斯金（Dale Peskin）在为此报告所作的序言中提到，该报告可作为一个起步，以理解"普通大众正如何通过在全球范围实现知识连接的数字科技而获得赋权，从而能够以其自身的真相，提供并分享自己的新闻"②。可见，报告把自媒体的核心特征概括为：公众分享和传播与他们相关的事实和真相，借助数字传播技术的发展实现新闻参与，具有自主性、个人化、草根性的特点。

国内研究者常将这个描述称为对"自媒体"的权威界定，其概念突出的是以数字和网络技术为支撑的转型过程，大众有机会更广泛地参与到新闻和信息的生产和发布当中来。③ 国内在引介"自媒体"的过程中还采用过"草根媒体""互媒体""共享媒体"等译名，强调自媒体的草根文化和技术赋权特点。一般意义上，我们可以将自媒体的边界确定为体制外由个体或团体兼职或全职运营的、代表其自身立场与诉求的数字化媒体，它们主要依

---

* 本文首发于《新闻与写作》2018年第9期：72-77页。略改动。作者陈子亮为中山大学传播与设计学院新闻传播学硕士研究生。

① 张志安，汤敏. 新新闻生态系统：中国新闻业的新行动者与结构重塑[J]. 新闻与写作，2018（3）.

② BOWMAN B S, WILLIS C.We Media: how audiences are shaping the future of news and information. [M].Reston: the media center at the American Press Institute，2003.

③ 於红梅. 从"We Media"到"自媒体"——对一个概念的知识考古[J]. 新闻记者，2017（12）.

托社交媒体平台而建设，主要发布见闻、资讯和评论为主的内容。从这个角度看，所谓"政府自媒体""企业自媒体"的提法是不准确的。

不同于传统专业媒体遵循公正、客观、中立等专业实践规范和报道原则，自媒体是偏向于文化意义上的媒体类型。迈克尔·舒德森（Michael Schudson）在《新闻的力量》中认为，"新闻作为一种特定的文化形式，是一种历史形成的范畴，而不是一个人类社会普遍与永恒的特征"①。自媒体的传播主体是普通公众，自媒体通过相对私人化的信息分享与传播，体现出更少的规范性约束和更大的叙事自由度。魏武挥认为自媒体是"由一个人（或者非常有限的几个人）来运作维护的彰显出强烈的个人风格特征的数字化媒体"②，不同于传统专业媒体追求客观事实，自媒体追求个人风格的强烈彰显，并由此成为一种新的新闻文化形式。

互联网技术的广泛运用，公众"媒介接近权"的增强，传统单向传播模式向兼具单向与双向互动的"网状传播"模式的转变，成为自媒体兴起的时代背景。自媒体代表着新媒介技术为公众赋权的最新实践，也使公众成为当下新新闻生态系统中的重要行动者。自媒体将以何种姿态生长，关乎着网络舆论的生态、公共空间的塑造，甚至关乎社会的进步。

二、自媒体的叙事特征

叙事学家杰弗里·温思罗普指出，媒介技术是叙事方式的基础和支柱，叙事方式同媒介技术的更迭息息相关，技术重构着媒体的叙事方式。③基于互联网传播技术发展起来的自媒体，具有私人化、草根化、普泛化、自主化等特征，从多个层面对主流媒体的传统叙事方式与文本结构进行着解构，呈现出诸多新的叙事特征。

1. 个体或草根视角的微叙事，关注普通公众的切身利益

在宏大主题的宣传报道中，传统专业媒体主要从国家、民族、社会、时代等政治经济议题进行宏大叙事，而较少从普通公众的视角进行细节描摹和现实呈现。伴随着媒体技术对公众个体的传播赋权，基于普通公众个体遭遇或利益的微叙事日趋活跃，自媒体采取的这种叙事风格满足了个人利益凸显和社会价值多元时代的新需要。一方面，自媒体用户更多聚焦个体的、局部性的、偶发性的事件，更多关注满足自身心理和利益期待的信息；另一方面，普通公众参与公共讨论，也更多从底层视角、人性视角、实用视角讨论公共事件，而较少像传统媒体那样遵循上级主管部门的要求进行"高大全"的叙事。④

2018年2月，由作者"李可"发布的《流感下的北京中年》一文，短短几天内收获了1000万+的阅读量和15万+的点赞量，在微信朋友圈形成刷屏现象。文章从一位北京中产的视角，全景式地记录了其岳父因开窗吹风而引发感冒，之后感染未知的流感病毒，

---

① 舒德森. 新闻的力量[M]. 刘艺娉，译. 北京：华夏出版社，2011：35.
② 魏武挥. 自媒体：对媒介生态的冲击[J]. 新闻记者，2013（8）.
③ WINTHROP-YOUNG G. Magic media mountain[J]. Reading matters: narrative in the New Media Ecology，1997：30-31.
④ 李东. 自媒体环境下媒体话语形态的转变[J]. 编辑之友，2016（10）.

继而患上严重的肺炎并最终死亡的全过程,从咳嗽、吃药打针到住院插管、上人工肺直至去世火化,前后共计 29 天。作者以第一人称的口吻讲述亲历的诸多细节,并对诸多问题进行解读:ICU 病房的一床难求、病人通过各种关系争取医疗资源、患者家属与医生交流短暂而难以获取充分信息、不同医院之间转诊机制的不畅、太平间承包人揭示医院内部的隐秘生意等。通过这些真实问题的呈现,读者可以感知流感的严重、老百姓看病的习惯及其背后的生存经验、医院和医疗行业的生存状态乃至现实社会中复杂的利益关系等。

这篇自媒体发表的 2.6 万字长文,仔细读完要花费 40 分钟到 1 小时,却能在碎片化阅读时代受到网民广泛欢迎,激起热烈讨论,其关键在于作者以"微叙事"的真实性和代入感,通过对贴近生活、贴近现实的细节的呈现,激起公众的普遍关注和共鸣。读者在阅读此文时,仿佛真实经历了全家四处奔走、一刻不停地求医的过程,真切感受到想方设法却又深感无力的复杂情感。

与传统媒体新闻报道遵循事实复核、多方信源、客观立场原则以获得真实信息不同,自媒体"微叙事"的真实性,主要由作者描述的细节、表达的口吻、自嘲的情绪、无奈的情感等建构而成。如果说,专业媒体的真实来源于对核心事实进行验证的"规范",而自媒体的真实则来源于讲述者的"真诚"。

2. 迎合受众的消费主义叙事,追求注意力和影响力

除真实记录生活遭遇的自媒体之外,也有相当部分的自媒体试图把握消费社会的痛点,激发网民的关注并继而实现商业回报。这一类自媒体的叙事模式中,"商业主义"成为主导性的话语,体现为由"产业"、"资本运营"和"盈利"等组成的话语形构。[1]

纵观当下消费社会的语境,传统的以政治文化为主导的意识形态及其媒介话语已越来越难以满足公众的需求,同时,以消费文化为特征的新型媒介话语则越来越善于迎合年轻人的口味。为增加曝光度、吸引眼球,媒体传播重心由信息"接受"移向信息"注意",这种对注意力市场份额的追求,促使网络内容的产品属性更加突出,媒体更加注重迎合消费者和粉丝的流行趣味和普遍需求。由此,也有相当部分自媒体通过运用大量消费主义话语,将消费包装成一种生活态度,甚至打着纯人文旗号来实现商业推销的动机。

比如,微信公众大号"咪蒙"已摸索出一条"广告软文"的写作模式。比如,《可以在租来的房子里结婚吗?》一文中有这样一段话,"房子是没有温度的,但爱是有温度的,租来的房子也应该打扮得漂漂亮亮……去注入你的风格和品味,如果你不知道怎么打扮你的房子,可以去美家 App 看一看"。针对年轻人普遍面临"买房难"的困境,该公众号发起"可否在租房里结婚"这一话题,既激起不少读者的阅读兴趣,又成功植入了相关产品的广告。再比如《不能买买买的人生,不值得一过》《成为一个女神,到底要花多少钱》等推文,主要宣扬的也是消费主义的观点。有研究指出,消费主义的急切、功利欲望和媚俗趣味经过包装,摇身一变成为女性独立自主、潇洒人生的生活态度和价值理念,在这种理念的指导下,具备消费能力的受众或许会成为消费主义的俘虏。[2]

---

[1] 李艳红,陈鹏."商业主义"统合与"专业主义"离场:数字化背景下中国新闻业转型的话语形构及其构成作用[J].国际新闻界,2016(9).

[2] 王晓红.表演与尖叫:情感类自媒体的话语体系——以微信公众号"咪蒙"为例[J].青年记者,2018(15).

这种对消费主义叙事的反思，也可能带来网友对自媒体文章的质疑。比如，《流感下的北京中年》这篇"爆款"文章，即使讲述的是关乎家属生死的沉重话题，也被少数网民质疑存在利用春秋笔法的营销行为。有网友指出，该文作者故意隐瞒"岳父15年乙肝携带未治疗"以及"岳父确诊为致死率极高的甲流"等关键信息，文中多次提及首汽约车，作者涉嫌借岳父死亡事件进行营销。① 姑且不论这种质疑是否成立，通过这种质疑确实可以管窥消费主义叙事特征存在的利弊。

3. 动员公众的情感叙事，强化与读者的亲密关系

与传统媒体时代的受众研究主要侧重媒介接触不同，对新媒体用户的研究还要关注情感和态度、参与和行为等维度，因为用户点赞、评论、阅读文章时的情感可以被精准地记录下来，同时，有效地激发用户的情感尤其是把握住用户相对普遍的情感结构，成为网络动员的主要策略。基于这种现实，一些自媒体为获得更多粉丝，往往精心选择热点事件，抓住网民心理"痛点"，激发网民的悲情、愤怒、戏谑等情绪，以引起关注，获得支持。在此过程中，情感成为一种形象塑造和社会交往的符号工具和手段。而情感动员正是以情感为工具，进行策略性运作，来达到唤起、激发或者改变人们对事物的认知、态度和评价的过程。②

除微叙事和消费主义叙事之外，情感叙事也是自媒体动员公众，强化与用户亲密关系的叙事模式之一。比如，有研究者在对"咪蒙"公众号标题进行词频分析后发现，出现频次最高的是"我们"这个词。例如，《〈我们仨〉教我们的关于爱的9件事》《青春期的我们，都伤害过一个人》《既然好人没好报，我们为什么还要做好人》等，可见，作者试图通过转换角色，让读者感同身受，产生共鸣。其他出现频次较高的关键词有"爱""我爱你""喜欢"这类情感倾向明显的词，还有"我喜欢这个'功利'的世界""因为喜欢你，远一点也没关系""喜欢是步步为营，爱是手足无措"等直抒情感的句子，通常都能获得很高的阅读量。有分析指出，"咪蒙"的粉丝基本上是刚毕业不久、缺乏生活历练的年轻人，该公众号针对粉丝群体面临的情感、恋爱方面的困扰，深入剖析读者的心里所想，积极调动情感共鸣，让读者对其产生心灵上的依恋、分不清"文里文外"。

同样，在《流感下的北京中年》一文中，作者也通过细节充分展示家庭之内爷孙之间、父子母女之间的亲情与夫妻之间的爱情，家庭之外朋友间、同事间互助的友情，还有流感病毒及社会现实利益关系的残酷无情。这些情感叙事直击普通公众的内心世界，激发了读者的同情心、不安全感和焦虑情绪，进而引起广泛转发与热烈讨论。

总体上，自媒体的叙事模式是由经济、社会、政治、文化等各种因素综合决定的。微叙事、情感叙事和消费主义叙事这三种模式并非自媒体所独有，实际上，在社会化传播语境下，新新闻生态中各类行动者都或多或少实践着这三类叙事模式，而且不同叙事模式之间的边界正变得日益模糊。不过，自媒体作为更加具有草根文化属性的行动者，其在叙事策略上更加多元、自由，也更加善于把握底层公众的情感和利益结构。

---

① 艾法是法官不是法师.《流感下的北京中年》作者被质疑隐瞒实情消费死者[EB/OL].（2018-02-20）[2018-02-23]. http://news.ifeng.com/a/20180220/56144179_0.shtml.
② 白淑英，肖本立. 新浪微博中网民的情感动员[J]. 兰州大学学报（社会科学版），2011（5）.

三、自媒体的社会功能

自媒体的迅速崛起一定程度上打破了传统媒体对传播话语权的垄断，为草根化的社会表达创造了条件，其在议程设置、舆论动员、知识传播等方面显示出积极的社会功能。

1. 议程设置：激发公众对重大公共议题的关注

在一些热点事件中，具有独家信源优势、资源整合意识或公共写作能力的公众，通过掌握自媒体发布信息的渠道，实现由信息接收者向事实发布者、由意见发表者向议程设置者的角色转变。针对某些相对敏感的议题，由于体制、政策或观念限制等，官方主流媒体有所失声，反倒是自媒体出于私利或公利的动机，成功设置议题，引发社会关注，甚至"倒逼"专业媒体的跟踪报道。

比如，2017年6月导致雇主母子4人死亡的"杭州保姆纵火案"，该信息率先通过两个4.4亿阅读量的微博热搜话题被广泛传播，继而主流媒体跟进报道，这显现出自媒体议程对主流媒体议程的传导关系。[①] 再如，近期发生的长春长生"疫苗造假"事件和高校教授、公益人士、明星主持人等知名人士涉嫌"性骚扰"丑闻，大多通过自媒体首先曝光，引发公众热议，有的议题持续在网络空间中发酵，有的议题则成为传统媒体报道的焦点。

2. 舆论动员：通过公共对话来促进社会治理

在传统媒体主导的舆论场中，议程设置的主题绝大多数都是党和政府所倡导和强调的主旋律内容。与之相对应，不少自媒体设置的主题则呈现草根化、多元化的态势，其中不少主题表达的是公众的利益诉求和对负面议题的批判质疑。所以，自媒体的发声能够推动官方与民间的对话沟通，一定程度上促进问题的解决。

比如，2018年6月，崔永元通过其新浪微博披露娱乐明星涉嫌偷税漏税的"阴阳合同"，并呼吁国家有关部门对此进行调查、严惩，其每条微博都引发网友数十万条的转发和评论，产生强烈的舆论反响，并带动主流媒体介入相关话题的报道，促使相关行政部门介入调查。此外，在2016年发生的"雷洋事件"中，中国人民大学1977级、1978级校友通过自媒体联合实名发声，采取发表声明、实名签名等形式发起网络动员，追问事件真相和促进公共问责，带动更多普通民众转帖、评论，[②] 其所形成的舆论影响也对涉事方造成巨大压力。

3. 传播知识：以平民风格的内容实现社会教育

通过对自媒体类型和内容分析我们不难发现，如今的自媒体早已超越"分享事实与新闻"的层次，其已发展成为包括新闻类、知识类、娱乐类等多类别的综合媒介形态。在前互联网时代大众传媒的知识传播范式中，信息并非是由信源直达受众，而是往往经过了"意见领袖"的过滤和解读。[③] 到了互联网时代，借助于互联网对传播过程中时间和空间的消解，受众可以直接与信源进行交流，实现信息定制、高效获取和自由连接，避免中间环节的干扰。依托这些技术便利，大量垂直领域的自媒体借助一定程度上的传播自由与自身资源，营造出了知识类自媒体的繁荣局面。

以科技传播为例，过去，主流媒体长期肩负着向公众普及科学知识的责任，但由于记者、

---

① 张东，刘建辉. 自媒体时代网络舆情引导研究——基于议程设置的视角 [J]. 重庆邮电大学学报（社会科学版），2018（2）.
② 王妍舒，张宗鑫. 从"雷洋事件"看新媒体生态中的网络动员 [J]. 青年记者，2016（26）.
③ 王传领. 知识类自媒体传播模式独特性探析 [J]. 青年记者，2017（32）.

编辑知识结构的限制，其科学素养与普通公众实际上差别不大，此外，由于科技相关内容的趣味性不强，可能会影响发行量/收视率，传统媒体传播科学知识仍存在很大的局限性。[①] 随着传播技术的发展和传播生态的变革，传统的传播机制、话语模式等也随之发生改变，手机等移动互联设备越来越成为公众传递和获取信息的主流渠道，这使得科学传播的困境有所改观，其中，"科学松鼠会"就是很好的案例。

"科学松鼠会"的定位是："剥开科学的坚果，让科学流行起来"。其内容涉及健康、化学、医学、天文、心理等诸多领域，在表达上"科学松鼠会""严禁面目森然的科学术语，而是用八卦加科学、故事与研究结合一体的鲜活文字"来进行叙述。借助"科学松鼠会"这个知识分享平台，大量科技工作者或科普爱好者发表文章，进行科学问题讨论和科学知识传播。例如，《热热热！北极圈都32℃了，北极熊还好吗？》一文，借助新闻事件，揭示气候变暖可能给北极熊带来的影响。《每年几十万人死于溺水，这种不靠谱的急救办法救不了命》一文，通过研究分析提醒公众不要进入急救误区。此外，加上图片、视频、科学漫画的配合，"科学松鼠会"的科学报道更加贴近生活和吸引受众。

除了专业领域的知识传播，自媒体还以"轻内容"的形态实现了各种内容的混合生产，构建起了知识付费的活跃生态。资深媒体人罗振宇运营的《罗辑思维》和音乐制作人高晓松开设的《晓说》这两档视频脱口秀节目，节目内容没有学院派的深究考据，只有平民化的讲述风格，分享的内容涉及历史、政治、数学、经济、文化、互联网和艺术等，不仅有故事、经历，还有分析、评述以及个人感悟，受到大量用户的喜爱。

除了以上自媒体对社会公共服务的正面影响外，自媒体的内容发布和传播伦理缺乏组织、行业的约束，一旦自媒体缺乏自律，也可能给舆论生态带来潜在风险。在把关人缺失的情境下，在自媒体领域，虚假新闻、有偿新闻甚至"黑公关"现象屡禁不绝，侵犯受众隐私、网络舆论暴力等媒介伦理失范行为也频繁发生。比如，"罗一笑事件"引起广大网友不满的，除了求助者罗尔发布的信息不透明、真实财产状况未公开外，主要是罗尔文章的发布平台"P2P观察"存在借助转发捐赠蹭热点、涨粉丝的营销诉求。

此外，一些自媒体公众号在不少文章中使用与性、暴力、资本等主题相关的字眼，呈现出一定的消极情绪和负面价值观。比如，针对"江歌案"引发的热点舆情事件，有些自媒体喊出"让道德来制裁人性"的口号，对道德审判和情绪偏见有所激发，缺乏法治意识和理性思维，这反映出自媒体的专业伦理和责任意识还有待提升。

结论：自媒体的公共价值及提升路径

尽管自媒体存在各种问题，置身于相对有限的表达语境和相对受限的报道环境下，内容的公众生产、信息的直接传播以及公共议题的集体参加共同体现出自媒体的公共性价值。由此，自媒体也越来越成为一种重要的公共权力资源，越来越具有诱惑性和渗透力，甚至主导着人们的社会观念和行为方式。[②] 自媒体所具有的技术赋权特点，有可能将公众的表

---

① 董雪. 浅议新媒体时代的科学传播——以科学松鼠会为例 [J]. 新闻世界，2012（4）.
② 陈进华，张寿强. 论自媒体传播的公共性及其道德底线 [J]. 江海学刊，2012（6）.

达转化为话语权，并构成能对全社会施加压力的一种新力量，有学者甚至将其称为"第五种权力"，这种权力的崛起将传统新闻业置于一个新的角色定位上。

作为"第四种权力"的传统媒体，与作为"第五种权力"的自媒体之间的竞合关系是学界关注的话题。显然，自媒体作为一种内容生产方式和新闻文化形式将会始终存在，其与传统专业媒体之间的合作总体上大于竞争。① 具体而言，有学者预测，未来新闻业及其舆论场将以这样的形态存在：自媒体发出信息引发传统媒体深度报道，传统媒体信息失实引发自媒体的集体监督和声讨，自媒体的信息失实和流言传播引发传统媒体的核实和监督，二者相互核实、相互印证。不过，这个预测还相对忽视了数字新闻业的其他重要行动者，比如平台媒体为自媒体提供表达空间和生存土壤，各种类型的机构媒体在自媒体、专业媒体之间扮演中介角色。

自媒体的公共性价值不是先天自成的，其依然存在"去政治化""去道德化"的公共性危机，这种困境主要缘于其不同于传统媒体的内容生产机制、舆论立场与主体身份。② 在内容生产机制上，自媒体缺乏传统媒体的信息过滤系统与把关人机制；在舆论立场方面，传统媒体借助对社会问题、公共事件的报道与评价，以特定的价值观念干预现实，而大部分自媒体缺乏传播"世界应当怎样"的自觉意识；在主体身份上，大量自媒体人还较少如传统媒体人那样会对道德、公义、社会利益等进行成熟思考和价值坚守。

如何通过持续提升自媒体的专业价值、伦理边界和传播责任，增强自媒体的公共性价值？我们认为，内容生产的法治边界、垂直领域的行业联盟、平台和公众的双重监督，是行之有效的三种外部制约力量。

其一，自媒体在进行内容生产时，可通过真实爆料、披露事实、提供证据、验证信息等方式发挥舆论监督的作用，但不能做出侵犯隐私、毁损商誉、恶意营销等有违法治精神的行为。

其二，鼓励有影响力的自媒体，自发形成联盟化的线上社群，通过在线讨论、线下交流、专业论坛等形式，共同提高责任意识和伦理规范。这方面，在国家卫生计生委宣传司的指导下成立的"中国医疗自媒体联盟"已初见成效。

其三，平台媒体要对自媒体生产的内容进行必要把关，对内容优质、坚守责任的自媒体进行大力推荐，对内容低俗、多次违规的自媒体进行惩戒，同时，社会公众也需要对自媒体在重大事件、议题中的传播行为进行必要监督，对事实错误进行澄清、对价值偏差进行校正、对伦理缺失进行批评。

总之，自媒体要实现更大的公共性价值，既需要捍卫自身正当的表达权，敬畏自身合法的话语权，也需要提升内容生产的透明度，建立与多元社会主体互动的有效机制。

今天数字新闻业发生了怎样的变化？新新闻生态系统具有哪些特征？数字新闻业带来什么新问题和新挑战？新闻业研究的范式和路径如何创新……关于这些问题，笔者想做简要探讨。

---

① 魏武挥. 自媒体：对媒介生态的冲击 [J]. 新闻记者，2013（8）.
② 陈进华，张寿强. 论自媒体传播的公共性及其道德底线 [J]. 江海学刊，2012（6）.

跋：新新闻生态系统特征与数字新闻研究范式*

张志安

今天数字新闻业发生了怎样的变化？新新闻生态系统具有哪些特征？数字新闻业带来什么新问题和新挑战？新闻业研究的范式和路径如何创新……关于这些问题，笔者想做简要探讨。

新新闻生态系统中的媒体类型

近年来，有一些进入公众视野的公共传播案例，产生了广泛的社会反响，跟新闻业多少都有关，又跟传统新闻业不那么相关。比如，"江歌案"中专业媒体推出的视频节目带有报道策划的色彩，引发的自媒体表达具有煽情主义倾向；《流感下的北京中年》刷屏，体现出个人进行非虚构写作的力量；"红黄蓝幼儿园"事件发生后的谣言传播，以及专业媒体进行事实查验；广东韶关新丰托养中心发生的自闭症少年死亡事件，最早报道的"大米和小米"微信公众号，实质上进行了从机构媒体向自媒体的角色流动……这些案例背后呈现出数字新闻业的真实变化和全新特征：不仅有专业化的媒体报道，还有广泛的社会化传播；不仅新闻行动者的角色变得多元，新闻业的内在逻辑和游戏规则也在发生变化；不仅专业媒体的垄断优势被打破，而且数字新闻业语境下权威与业余、中心与边缘的界限变得日益模糊。

面对这些变化，我们可以运用新的维度来划分媒体类型，新新闻生态系统至少包括四种类型的媒体：其一，理论上为公共利益服务的专业媒体；其二，为特定机构或行业建立的机构媒体——比如政务微博、微信、微头条，就是典型的政务机构媒体；其三，具有草根文化和技术赋权特点的自媒体；其四，具有明显用户规模、技术创新和资本驱动优势的平台媒体，而且，从全世界范围看，以 Facebook、YouTube 等为代表的海外平台媒体和以微博、微信、今日头条为代表的中国平台媒体，都越来越具有"赢家通吃"的垄断优势，正通过社会化内容的海量生产、社交化属性的紧密连接而变成今天传播业态中最重要的信息枢纽。

---

* 本文原名《数字新闻业研究：生态、路径和范式》，首发于《新闻与传播研究》2018年增刊：90–92 页。略改动。

新新闻生态系统中的主要特征

新新闻生态系统的最大变化是什么？表面上看，最大的变化在于新闻行动者的多元化，实际上，更深层次的变化在于，新闻采集、生成、分发的传播模式和行动逻辑被深刻改变。打一个比方说，森林里的动物种类增多了，而且，弱肉强食的丛林法则也被改写了，这才是新新闻生态系统的最大变化。

基于这些变化，从学术的视角来研究和分析概括，至少有以下关于新新闻生态系统的特征描述和阐释。首先是多元的行动者，角色的流动，边界的模糊；其次是混杂的业态，系统的边界变得越来越模糊；最后是算法逐渐代替人工编辑和价值判断，在内容分发过程中发挥主导性作用，今天，我们接触的内容超过50%是通过算法到达用户的，由此，算法正在塑造新的新闻文化和把关标准。总体来说，新新闻生态系统的特点可以用流动、混杂、沉浸等词汇来描述。

数字新闻业研究的路径和范式创新

过去这些年，全球数字新闻业研究有哪些关键词或者有哪些新的研究问题？我们可以运用传统新闻社会学的三种视角来考察。

第一个视角是新闻生产社会学的视角。从新闻生产、组织或职业的角度看，"新闻常规"正在发生变化，新闻媒介组织正在积极尝试"新闻创新"，包括对数据新闻、算法新闻的技术采纳。还有计算新闻学的兴起，新闻表达和消费中的情感变得更加重要，而且，社交网络中的新闻消费会伴随大量情感数据的涌现。此外，还有媒体融合对媒体组织的再造、人工智能对新闻业的影响等。

第二个视角是文化研究的视角，包括变迁中的新闻业如何建构危机或进行转型话语研究，学者在分析新闻职业权威时会探讨主流媒体作为业内权威会受到哪些挑战。还有社交媒体和网络文化的兴起，包括新闻消费者、粉丝受众以及粉丝民族主义。此外，还有学者提出来新闻工作者的文化更新，包括自省性、透明性和主动性等。

第三个视角是传播政治经济学的视角。欧洲现在一些学者会探讨Facebook、YouTube这些超级互联网平台构成的以美国为中心的传播新秩序。也有学者运用数字资本主义或平台资本主义来分析平台媒体的全球扩张，或用社会主义公共性来解释中国媒体融合背后的国家力量及其社会影响等。

在这些新的研究热点、热词背后，我们看到了新闻业的研究范式正在拓展、更新和变化，研究的问题比过去更加多元，对象的边界更不确定。如何创新新闻业的研究范式？可以从研究对象、研究视角和研究方法的拓展来尝试：

第一，研究对象要从主流媒体为中心的"作为规范的新闻实践"研究，更多转变为在公共传播语境下"作为实践的传播"研究。

第二，研究视角可以更加综合甚至混杂，宏观、中观和微观的考察边界可以被打破。比如，如果研究算法新闻，既要考察算法推荐机制导致的实际后果，也要考察其带来新的新闻文化，同时，算法成就了平台媒体的崛起，其背后的平台资本主义折射出技术、资本和权力的多重张力。"混合型"视角的运用，可以帮助我们把原先分裂的分析维度重新拼贴完整，然后再聚焦于某个层次或侧面来进行细致分析。

第三，研究方法也需要拓展。传统的文本分析法、案例分析法都会继续运用，但有些学者提出的新方法，如混合民族志、网络民族志也可以积极尝试。此外，社会网络分析、大数据挖掘等方法也可以用于学者研究新闻的消费行为和情感。

后 记

互联网尤其社交媒体及其移动传播，正深刻重塑中国媒体的格局，催生着新新闻生态系统的出现，除专业媒体继续承担专业化新闻生产的重任之外，机构媒体、自媒体成为社会化新闻生产中不同类型的新行动者，而平台媒体则越来越成为专业媒体、机构媒体、自媒体内容传播的"基础设施"。

当前，中国新闻业正呈现出一系列值得关注的重大变化：作为专业媒体的都市报和党报，正呈现前者整体衰落、后者稳步转型的此消彼长态势；政务微博和政务微信，作为行业性机构媒体，发挥着信息传播、正面宣传、风险传播等多重功能；以微博、微信、今日头条为代表的平台媒体，伴随用户规模的扩张和内容聚合的优势，成为青年网民群体资讯接触、消费和娱乐的信息枢纽……结构重塑和实践变化，可以作为我们考察新新闻生态系统的两个视角。这两个视角既需要我们去观察行动者的微观实践和组织再造的中观变迁，又需要我们辨析考察媒体结构重塑和国家、社会、技术和文化之间的宏观勾连。

这本书的主要内容，来自笔者在《新闻与写作》杂志开设的"数字新闻业"研究专栏，通过这个专栏，我们试图对中国新闻业的数字化转型和公共性变化保持敏锐观察，同时立足网络化社会的语境对新新闻生态系统进行理论阐释。这组专栏文章得以出版，要感谢杂志副主编李蕾对专栏开设的支持，感谢责任编辑李嘉卓为文章选题和稿件编辑付出的大量心血，也要感谢我指导的硕士生、博士生团队的参与合作。

我们将继续坚持中国新闻业研究的新问题、新视角，并尝试提出新概念、探索新范式，在新新闻生态系统研究领域贡献更多观察、追问和思考。

图书在版编目（CIP）数据

新新闻生态系统：结构重塑与实践变化 / 张志安著. -- 北京：中国传媒大学出版社，2021.6
（"人文新媒体前沿研究"系列丛书）
ISBN 978-7-5657-2920-1

Ⅰ.①新… Ⅱ.①张… Ⅲ.①新闻工作—研究—中国 Ⅳ.①G219.2

中国版本图书馆CIP数据核字(2021)第063188号

"人文新媒体前沿研究"系列丛书

新新闻生态系统：结构重塑与实践变化
XIN XINWEN SHENGTAI XITONG：JIEGOU CHONGSU YU SHIJIAN BIANHUA

著　　者	张志安
责任编辑	张莉莉
特约编辑	裴向敏
封面设计	拓美设计
责任印制	李志鹏

出版发行	中国佉媒大学出版社			
社　　址	北京市朝阳区定福庄东街1号	**邮　编**	100024	
电　　话	86-10-65450532　65450528	**传　真**	65779405	
网　　址	http://cucp.cuc.edu.cn			
经　　销	全国新华书店			
印　　刷	唐山玺诚印务有限公司			
开　　本	787mm×1092mm　1/16			
印　　张	8.25			
字　　数	200千字			
版　　次	2021年6月第1版			
印　　次	2021年6月第1次印刷			
书　　号	ISBN 978-7-5657-2920-1 / G·2920	**定　价**	45.00元	

本社法律顾问：北京李伟斌律师事务所　郭建平
版权所有　翻印必究　印装错误　负责调换